Agnès Michel

Il était une fois une fleur

AF154025

Agnès Michel

Il était une fois une fleur

(mais à l'intérieur il y avait un bourdon) TOME UN

Éditions Croix du Salut

Imprint
Any brand names and product names mentioned in this book are subject to
trademark, brand or patent protection and are trademarks or registered
trademarks of their respective holders. The use of brand names, product
names, common names, trade names, product descriptions etc. even without
a particular marking in this work is in no way to be construed to mean that
such names may be regarded as unrestricted in respect of trademark and
brand protection legislation and could thus be used by anyone.

Cover image: www.ingimage.com

Publisher:
Éditions Croix du Salut
is a trademark of
International Book Market Service Ltd., member of OmniScriptum Publishing
Group
17 Meldrum Street, Beau Bassin 71504, Mauritius

Printed at: see last page
ISBN: 978-613-7-36441-3

AVANT PROPOS
IL ETAIT UNE FOIS UNE FLEUR
(mais à l'intérieur il y avait un bourdon)
TOME 1...Mon histoire
AGNES MICHEL

1 ère partie

A l'origine

2 eme partie

Nouvelle vie

3 eme partie

La chute et le retour

AVANT PROPOS

Lors d'un séminaire, lors de la réunion d'intercession, j'étais en communion avec mon Seigneur, et je lui demandais ce qu'Il attendait de moi .
Celui-ci me rappela que nous devions utiliser nos dons pour le servir,
    "Quel est mon don ? Te rappelles-tu quand tu étais jeune? Tu écrivais des poèmes, des nouvelles, et un journal intime, et là je voudrais que tu témoignes en racontant ta vie. Et comment j'ai agi pour te garder, et pour me révéler à toi. Enfant, tu étais spéciale, et un jour tu aimais tant ces fleurs, ces dahlias pompons qui bordaient le jardin de ta maison, et quand tu rentrais de l'école, les prenais entre tes mains, mais deux ou trois fois un bourdon surpris te piqua la main ».
Oui, mon Dieu, ces fleurs étaient ton œuvre et j'étais en admiration envers une beauté si parfaite, elles étaient le reflet de ton œuvre, mais à l'intérieur ce bourdon représentait le mal, la douleur, l'action du diable. Combien de fois, moi la fleur fragile fut piqué dans ma vie. Mais, même s'il y a un bourdon à l'intérieur, elle reste malgré tout ta création.
Pour des raisons de révélations très intimes et par respect pour ma famille et mes proches, je tiens à garder l'anonymat derrière un pseudonyme.
J'accompagnerai ce livre de références bibliques, et autres qui m'ont forgés.
C'est un livre témoignage de ce que Dieu a fait dans ma vie, mais également les dégâts provoqués par l'occultisme, le péché, la religion et les fausses doctrines. Une

2

ode à la beauté de la nature et de l'existence, un livre qui, malgré un destin déchiré par les souffrances, est un livre d'espoir.

Guide de lecture:
En italiques: versets bibliques
En gras : commentaires en contexte, issue de l'anecdote, comparaison biblique

1 ère partie
À l'origine
Chapitre 1: Petite enfance à l'orée de la forêt

Je vais vous raconter l'histoire de cette petite fille que j'étais, dernière d'une fratrie de 6 enfants.
Mes parents se sont connus à Limoges, mon père, Alsacien était dans l'armée Française, et avait 23 ans, lors de leur rencontre. Ma mère travaillait depuis l'âge de 14 ans, comme bonne chez des bourgeois, elle avait alors 19 ans .
Mon père logeait chez ma grand-tante maternelle, qui organisa leur rencontre.
Ce dernier apporta un Paris-Brest qui était alors un trésor durant ce temps de guerre.
Il eut un coup de foudre pour cette jolie brune aux yeux bleus et l'épousa 3 mois plus tard , profitant du jour des noces de ma tante Justine.
Celle-ci, en effet, était enceinte, et répara cette « faute », avec un autre homme qui devint mon oncle Bernard.
Mes parents n'avaient pas d'argent, l'amour suffisait, mon frère Michel est né 9 mois plus tard .
Celui-ci fût élevé par la grand-mère, grâce aux tickets de rationnements.
Le jour de la tuerie d'ORADOUR-SUR-GLANE* mes parents devaient aller à la foire, fort heureusement quelqu'un prévint les personnes qui s'apprêtaient à prendre le tramway .
Ma mère connaissait beaucoup de gens du village d' Oradour. Et, ce fût un grand drame, et à la fois un miracle pour eux de ne pas faire partie des victimes.
A la fin de la guerre, mon père travaillait dans une banque, mais à l'âge de 30 ans, il voulu réaliser son rêve, travailler aux Eaux et Forêts, et devint garde-forestier .
Il demanda sa mutation dans les Vosges, prés de son Alsace natale, ma mère fût donc déracinée de son Limousin chéri, et se retrouva en pleine forêt loin de tout. Avec 3 enfants, elle avait beaucoup à faire, Gérard suivait Michel d'un an , puis 3 ans plus tard vint Arthur .
Quand les 3 ainés allèrent à l'école, à l'âge de 6 ans, car il n'y avait pas de maternelle à l'époque.
Maman commençât alors à souffrir de dépression.
Le médecin de famille, lui conseilla à nouveau la maternité comme thérapie.
Vinrent alors Murielle, la princesse inespérée après 3 garçons, et 2 ans plus tard vint Fréderic.

C'est donc, 15 mois plus tard, que je suis née, gros bébé de 4 kg. Quelques années plus tard, je devins cette petite fille maigre, avec les genoux cagneux, plus petite que la moyenne, et sans appétit. Ma santé était fragile, je ne pouvais pas manger de fraises au printemps, en raison d'un eczéma apparu à l'âge de 3 mois suite à un vaccin. Je supportais d'horribles souffrances, car mon corps entier était recouvert de cette dermite atopique, qui me rendait laide. À tel point que je n'ai pas de photo de moi de l'âge de 3 mois à mes 4 ans.
À ma naissance, en 1960, ma mère qui a eu la mauvaise idée d'être à terme un dimanche où le cirque débarquait dans notre petite bourgade, se vit imposer un accouchement déclenché permettant à la
sage-femme de profiter de ce spectacle exceptionnel dans le village. C'était le grand boum des premiers

accouchements provoqués. Je vins au monde à 9 heures, malheureusement une hémorragie utérine se déclencha l'après-midi, et ma mère faillit en mourir…

La sage-femme décréta également que maman ayant allaité déjà 5 enfants, cela suffisait. C'était donc décidé, je devrais être nourrie au biberon. A l'époque les balbutiements des lait maternisés n'étaient pas au point. La mode était à l'allaitement artificiel … pour le confort des sages-femmes, animés par la pression des lobbies commerciaux, mais qu'en était-il de la santé de la santé des nourrissons ?

Avec toutes les connaissances actuelles sur l'attachement de la mère à l'enfant dans les premières heures de la vie, je pense que ces premières heures ont été cruciales pour ce que je devais devenir. J'ai, toute mon enfance eu le sentiment d'être le « vilain petit canard »: comme cette histoire est parlante…et, combien j'aimais les belles histoires! Ce sentiment d'être différente, d'être la 5 eme roue du carrosse, me poursuivit toute ma jeunesse et bien longtemps après, cette quête incessante d'amour et de reconnaissance était mon moteur.

Quand j'eu 9 mois, mon père monta en grade, et ce provoqua un déménagement, dans cette maison à l'orée de la forêt, d'où me revient mes plus anciens souvenirs.
Mon père me contamina de son amour de la nature, je vivais en communion dés, toute petite avec elle, et je me sentais bien, si bien avec elle. Les souvenirs les plus lointains: c'est un étang dans la forêt où l'on péchait, un vieux wagon abandonné sur un sentier qui nous intriguait , la balançoire accroché dans le saule pleureur du jardin, les arbres tortueux qui émergeaient du ruisseau qui passait devant la maison forestière, une sortie scolaire à pied à la croisée des chemins… une paille coincée dans ma gorge, que le médecin dût récupérer avec une grosse pince à épiler.
Mon hypersensibilité commença tôt dans ma vie, à l'âge de la maternelle, on se retrouva dans une école privée, et dans cette école l'éducation n'était pas tendre, on ne connaissait pas la pédagogie bienveillante. Ma mère qui travaillait à la cantine me raconta plus tard ce qui s'y passait, mais à l'époque on ne remettait pas en question ce que le corps enseignant disait et faisait, c'était « parole d'évangile ». Pour faire mieux que l'école publique, on apprenait à lire aux enfants à l'âge de 5 ans, avec la méthode globale. Dans mon cas çà ne marchait pas, et je fus cataloguée, dès cet âge, d'enfant attardée.

Je restais enfermée dans la classe, pendant la récréation, punie de ne pas savoir lire… Frédéric qui est rentré à l'âge de deux ans, a reçu du scotch sur la bouche, parce qu'il parlait trop, résultat: il ne parla plus pendant deux jours, et se mit ensuite à bégayer. Murielle fût collée plusieurs heures sous le bureau, et s'est remise à faire pipi au lit, jusqu'à 14 ans et plus. Les « accidents » la bloquèrent chez les parents, pour ses études, elle ne fit pas la section désirée, pour ne pas être interne au lycée. Elle a eu sûrement d'autres traumatismes, comme la naissance de Fred, qui, après avoir été la princesse, elle fût très jalouse de cet intrus.
Pour en revenir à l'école, les institutrices, toutes les deux des vieilles filles, acariâtres et frustrées, faisaient de leurs élèves des enfants martyrs. À la cantine, elles les forçaient à manger, et même, ce qu'ils avaient recraché, ma mère, enlevait discrètement l'assiette dc ceux-ci. Dans cette école, on distribuait des prix d'excellence, déjà à la maternelle. Je reçus le prix des « larmes faciles », c'est-à-dire que j'étais la pleurnicheuse de service. Voilà, comment une deuxième étiquette me fût collée (quand on sait les conséquences des mots sur les personnes, on peut comprendre le pourquoi de mes futures dépressions). .Je vécus dans cette petite enfance, le décès de ma grand-mère maternelle, dont je n'ai aucun souvenir.

Je n'ai pas connu mes autres grands-parents, ma mère étant orpheline de père à l'âge de 8 ans, et mon père également fût orphelin très jeune, et élevé par sa sœur aînée, qui était une vraie despote. Celui-ci n'avait jamais montré d'effusion de tendresse avec nous, et nous inspirait de la crainte, surtout quand il portait son uniforme de forestier.

Ma mère avait la main leste sur nos fesses, et même sur nos joues, mais grâce à une expérience vécue par mes frères aînés, je n'ai pas connu le martinet.

Un de ceux-ci s'étant réfugié derrière ma mère, celle-ci le jeta, en se rendant compte combien le mal que cela faisait. Elle utilisait également le stratagème: « attention, quand ton père va rentrer! », rien de tel, pour nous faire aller droit. Et, pourtant, je ne me souviens que d'une correction de mon père, mais peut-être parce que je n'étais pas la fautive.

* Je développe cet événement dans le tome 2.

Chapitre 2: Enfance à la montagne

À l'âge de 6 ans, mon père monta à nouveau en grade, et donc nous déménagions. Cette fois-ci nous nous installâmes en montagne, mais du coté Alsacien. Dans le pays Welsche, c'est-à-dire dans un canton, où l'on ne parlait pas l'alsacien, mais un patois. La maison forestière était énorme avec deux appartements, et des chambres au 2e étage, mon père installa son bureau au rez-de-chaussée. Et, nous nous installèrent à l'étage, le jardin était très grand, avec un verger, et tout en pente, nous habitions à 100 mètres de la forêt, et à 200 m de l'école, avec vue sur la cour.

En hiver, nous faisions la luge dans le jardin, et on avait de la neige au minimum pendant 3 mois. En été j'aimais grimper aux arbres, et manger les cerises dans l'arbre, j'y passais des heures. La maison était tellement grande qu'il y avait plusieurs pièces vides, j'aimais me retrouver seule dans une de ces pièces, pour y jouer. Je jouais pendant des heures avec mes poupées, je vivais dans mon monde imaginaire. Ces moments calmes étaient parfois interrompus de façon violente par mon frère Fred qui venait m'embêter, et uniquement pour cela. Il prenait mes poupées, leur arrachait un bras ou une jambe. Et, je hurlais, ma mère déboulait et me grondait et me punissait à cause de mes hurlements, sans essayer de comprendre le pourquoi de ces cris. Je me sentais doublement en détresse, déjà d'avoir été interrompue de manière si impétueuse par ce frère qui faisait du « mal » à mes enfants (les poupées). Et, de ne pas être comprise par cette mère autoritaire et arbitraire avec son petit Fred, son chouchou hypocrite. Enfin, c'est-ce que je pensais, je suppose qu'elle ne réfléchissait pas, elle ne supportait pas mes hurlements tout simplement, sans chercher plus loin. J'avais quelques copines chez qui j'avais le droit d'aller, mais je n'avais pas le droit de les recevoir à la maison. Même pour mon anniversaire, qui d'ailleurs n'était pas du tout fêté à la maison, avec 6 enfants, c'était trop. Nous avions des cadeaux juste à Noël, qui, d'ailleurs étaient offerts par les parents et non pas par le père Noël. À mon avis, c'était une très bonne chose. Mes enfants, plus tard n'y crurent pas non plus. Comment peut-on mentir à des enfants? Quelle désillusion, ensuite? Mes parents étaient sévères, mais justes, ma mère m'avoua plus tard que je n'avais pas été gâtée, car étant la petite dernière, ils voulaient me protéger du danger d'être "pourrie." Avec mon hypersensibilité, j'avais sûrement besoin de beaucoup d'attention, et j'ai plutôt ressenti du rejet. Ils avaient un gros défaut, et je pense que beaucoup de parents font la même chose. Surtout ma mère, c'est de faire de nous des enfants gâtés quand, nous étions malades, avec certains privilèges que nous n'avions pas en temps normal.

Nous avions le droit de dormir dans leur lit, alors que d'habitude, la chambre parentale était interdite. Nous avions un plateau-repas au lit, et le « Pollux » de maman pour nous câliner, à l'accoutumée il était au-dessus de l'armoire et inaccessible . Maman redoublait d'attention et de câlins.

Quand ma sœur Murielle fut opérée pour une opération bénigne, elle reçue plusieurs visites à l'hôpital, avec friandises et cadeaux, ce qui fit naître ma jalousie envers elle. Je pense que mon corps, traduisit « maladie égal attention et amour de l'entourage », ce qui créa en moi, le refuge dans les maladies psychosomatiques. Afin d'attirer, également, l'attention sur moi. Quand ils m'emmenèrent en vacances chez des anciens voisins, ils durent me chercher au bout de trois jours, car j'étais prise de maux de ventre, et ils durent faire 200 km pour me chercher.

Mon père était un père à l'ancienne, il ne débordait pas d'affection envers nous, il nous impressionnait, dans son costume de brigadier, et nous avions du respect quand ses gardes venaient à la maison.

C'était un vrai « chef » et comme son bureau était au rez-de-chaussée, quand il y avait des réunions, nous avions l'ordre d'être tranquilles.Il travaillait beaucoup, et c'était notre mère qui ne travaillait pas qui s'occupait de notre éducation.On savait peu de choses sur lui, il se confiait peu. Ce n'est que lorsque nous avions de la visite, qu'il racontait sa vie: Alors, qu'il était au collège chez les jésuites, et que ceux-ci avaient des méthodes d'éducation, je dirais carrément sadique, il planta un jour sa plume sergent-major dans la main du prof. De cette période, il gardait un très mauvais souvenir, et cela l'avait endurci, et lui donna la haine du corps religieux.

Ce qu'il arriva à nous inculquer, c'est son amour de la nature, et son respect, pas question de laisser un bout de papier sur le bord de la route, et il se mettait en colère quand il voyait des décharges sauvages.Je vais vous raconter une anecdote: « quand nous partions en vacances, nous nous arrêtions au bord de la route pour pique-niquer. Un jour, mon père sortit de la voiture et vit une crotte, et nous mis en garde de ne pas marcher dessus. Il n'était pas question de salir sa voiture. Quand nous allions remonter dans la voiture, il devint rouge comme une écrevisse, et se mit à hurler. En effet, mon père était un grand nerveux, petit de taille, et grand de colère (comme Louis de Funès). « Qui a marché dans la crotte? ». Tout le monde s'exécute, complètement tétanisé par la crainte, et nous regardons sous nos chaussures, moi, rien, Murielle, rien, Fred, non, ma mère non plus. Bien sûr, tout penaud à son tour, il regarde et constate que c'est lui….».

Cette anecdote me fait penser que, souvent, on veut juger et corriger notre prochain, alors que, nous ne sommes pas plus à l'abri de chuter que lui.

Matthieu 7-4:

2Car on vous jugera du jugement dont vous jugez, et l'on vous mesurera avec la mesure dont vous mesurez. 3Pourquoi vois-tu la paille qui est dans l'œil de ton frère, et n'aperçois-tu pas la poutre qui est dans ton œil? 4Ou comment peux-tu dire à ton frère: Laisse-moi ôter une paille de ton œil, toi qui as une poutre dans le tien? ...

Mes meilleurs amis à cette époque étaient les animaux, Notre chienne Ella, une belle berger Allemand, étant morte de vieillesse, notre voisin nous donna un bébé teckel à poil dur de couleur noire. J'étais fan de ce teckel, il était un peu, j'avoue un peu mon jouet, il s'appelait Vaillant. Je n'ai jamais vu un chien aussi peureux, j'avais un jeu sadique, je le suspendais à bout de bras, au dessus de la balustrade, et je m'amusais de voir comment il se cramponnait à mes bras. J'étais inconsciente, pardonne-moi Seigneur, je me confesse à toi aujourd'hui…

Il avait une nature vraiment angoissé, sûrement nous l'avons traumatisé. Un jour j'allais acheter le pain comme tous les jours , et je l'avais à la laisse. Comme tout chien de chasse qui se respecte, il inspectait le sol avec sa truffe, tout en marchant. Une plume se trouva sur son chemin, avec le souffle de sa truffe la plume s'envola, il fut effrayé et fit un saut en l'air. Au retour, se souvenant de cette chose « abominable », il fit un grand détour pour l'éviter, cher Vaillant, tu portais si bien ton nom!!!

J'ai eu un lapin aussi, mais mes parents me prévenait que ce lapin avait pour vocation de passer à la casserole. Ils me déconseillèrent de lui donner un nom, pour éviter l'attachement. Ma mère me raconta cette histoire d'avant ma naissance, où mes parents avaient un cochon qui s'appelait Porcinet, et quel arrache cœur quand mon père devait s'exécuter en l'appelant:« viens Porcinet , viens mon Bébé d'amour que je te tue… ». Je m'attacha quand même à lui, et celui que j'appelai « mon lapin » devint mon confident pendant un temps. Il était dans une cage dans la remise où mon père stockait ses outils de jardin et son bois. La veille de l'exécution, j'allai voir mon ami et versa toutes les larmes de mon corps, et lui dit « adieu ».Je ne voulu pas assister au massacre, mais dans l'assiette, il passa comme une autre viande…

De notre fenêtre on pouvait parfois admirer les biches, et on entendait le brame des cerfs à l'automne. Un jour en rentrant de l'école, ma mère me présenta un faon, dont la mère avait été tuée, par des chasseurs, et mon père, en tant que forestier l'avait recueilli (ce que vous ne devez jamais faire, toucher un faon peut le condamner. Si la mère s'est éloigné, elle l'abandonnera, parce qu'il aura votre odeur. Si vous pensez qu'il est orphelin, prévenez le garde forestier, ou la brigade verte), il avait deux jours, nous avons essayé de le nourrir au biberon, mais le lait de vache n'était pas adapté, il est mort trois jours après, ce qui me procura évidemment un gros chagrin.

Un autre jour, nous étions en vacances en Ardèche, et je trouvais un tout petit poisson mort, dans un trou d'eau, je le pris, le mis dans une boîte d'allumettes vide, lui creusa une tombe, et lui mit une croix avec inscrit: « à ma petite truite », ce qui a fait bien sourire ma famille, mais chaque vie a droit à son minimum de considération…Un peu plus âgé, il arriva un autre drame, je déboulais en vélo, d'une belle descente d'un km, j'écrasai deux ou trois petits oiseaux, d'un groupe qui était sur la route, je rentrais en pleurant, car j'étais devenue une meurtrière…

Je passais des heures dans la nature à rêvasser, soit, perchée sur la branche de mon cerisier préféré dans le jardin, soit dans la forêt. Je contemplais chaque fleur, chaque arbre, je m'inventais le monde à travers ce que je voyais, sentais et ressentais. Je pense, et j'en suis sûre qu'à travers ces moments « d'ennui », je construisais ma personnalité, et ma spiritualité.

Nous allions tous les ans en vacances, on se serrait la ceinture toute l'année pour cela, pas de sorties, pas de restos. Un très grand jardin pour les légumes et les fruits. Nous passions la plupart du temps nos vacances dans des maisons forestières réhabilitées. Chaque année, nous allions dans un autre endroit, à la mer, à la montagne, dans le sud, en Bretagne…C'était à chaque fois des temps de bonheur…Mais mes vacances préférées étaient celles passées à la ferme chez les cousins du Limousin…Nous faisions du toboggan sur les bottes de paille rectangulaires empilées en escalier dans la grange, nous nourrissions les lapins et allions ramasser les œufs dans le poulailler, et chassions les poules qui rentraient dans la cuisine.

Mais, le meilleur c'était la batteuse. Nous participions à la récolte du blé avec une machine achetée par coopération entre plusieurs paysans, chaque jour nous travaillions pour un autre paysan, nous les gamins, montions sur la charrette ou le tracteur, et c'était « trop bien », et tous les soirs c'était la fête chez le voisin chez qui nous avions fait la récolte. Quand nous arriva mes dans ce village, j'avais six ans, donc l'âge pour rentrer en primaire, et à cette époque, en Alsace, dans l'école publique, les classes n'étaient pas mixtes, et les classes des filles étaient tenues par des religieuses. Mon père en était malade, car ayant été élevé par des sœurs et des jésuites, il avait un très mauvais souvenir de cette époque, et cela avait énormément refroidi sa Foi.

Les sœurs avaient des méthodes pédagogiques particulières, un jour on faisait du calcul, un jour de l'histoire, un jour de la géographie, sachant qu'un enfant n'a pas plus de 10 minutes de capacité d'attention… Il y avait les bons points et les images, et puis le classement, en fin de trimestre celui-ci était écrit au tableau de la première à la dernière… J'étais toujours dans les 4 dernières… Mais, bon comme mon père était un notable, je faisais partie des chouchous, les filles de paysannes et d'ouvriers étaient leurs têtes de turcs... À la récréation, il y avait une ligne imaginaire entre la cour des filles et des garçons, impossible à franchir. Le ballon prisonnier était le seul jeu autorisé, et obligatoire… En décembre, nous ne faisions aucun cours, tout le mois était consacré à la préparation du spectacle de Noël.

J'avais la chance d'avoir toujours un gros rôle pour les sketches, car douée en comédie. Même une année où j'étais punie, j'ai eu le rôle du maire pour un mariage, ce qui était pas mal… En juin, c'était le sport et le rangement du bois du personnel enseignant dans leur grenier… Je crois qu'aujourd'hui, elles auraient eu mal de problèmes avec l'inspection académique… En ce qui concerne l'enseignement religieux, on avait le curé qui venait une fois par semaine et nous laissait des paragraphes du livre du catéchisme à apprendre par cœur, il était ennuyeux, et avait la réputation d'être alcoolique, il était plus souvent au bistrot qu'à l'église.

Nous étions obligés d'aller à la messe les jeudis et dimanches, dans l'église les enfants étaient devant, et les sœurs juste derrière à nous policer, et le lendemain après la prière à l'école nous avions droit au tribunal: « toi, tu étais absente, toi tu étais en retard, toi tu n'arrêtais pas de parler… », j'ai encore connu la messe en latin, et pourtant on était en 1966...Quand j'eus dix ans, un nouveau curé vint au village et fit une petite révolution, il enleva toutes les statues de saints, ce qui scandalisa les grenouilles de bénitier, il n'a pas pu aller jusqu'à enlever la vierge et la patronne** du village.À onze ans, une de mes copines est morte d'un cancer, sa mère distribua des photos à toutes les filles de la classe, Chantal vivante, et Chantal sur son lit de mort. C'est à cette période que s'éveilla en moi, mes premières questions sur l'utilité de l'existence, et sur la vie et la mort…

*Pollux, le chien du manège enchanté, que tous les enfants de l'époque rêvaient de posséder, car trop mignon.
Patronne**Saint, sainte dont on a reçu le nom au baptême, qu'un groupe reconnaît pour protecteur, à qui est dédiée une église.

Chapitre 3: Puberté perturbée
Cette fleur que j'étais et qui devait s'épanouir, fût gravement déstabilisée par un de mes frères, Arthur, celui-ci qui avait 18 ans quand j'en avais 9, ne venait que très peu souvent à la maison, car il habitait à 3 heures de route et était très occupé par son travail.
Je le connaissais mal, et le considérais un peu comme un grand cousin, mais celui-ci, utilisait son pouvoir de grand frère, pour assurer ses pulsions sexuelles, et moi je ne savais pas de quoi il

s'agissait, j'avais l'habitude de jouer au docteur avec une fille de mon âge, mais là c'était l'inconnu, il s'agissait uniquement de masturbation, et d'attouchement. Quand mon corps se transforma, et les poils poussaient, je disparaissais, car je me rendais compte de l'anormalité de la situation, à l'époque on n'était pas informé. Mon corps grandissait et moi je me réfugiais dans l'enfance, n'acceptant ce corps et sa transformation, je refusais de grandir, j'étais un garçon manqué et refusais ma féminité.

Je découvrais la sexualité d'une façon violente, c'était les copines qui m'expliquaient au niveau de leurs connaissances, les choses, mes parents ignorants ce rôle, pour eux j'étais encore un bébé, leur bébé mettais un maillot de bain une pièce comme sous-vêtements, pour bien écraser ma poitrine qui poussait. Je coupais mes poils, j'ai caché deux fois mes premières règles, en piquant des serviettes hygiéniques à ma sœur, et les planquant souillées dans le grenier, à 14 ans je jouais encore à la poupée, et réclamais à Noël des peluches, celles que je n'avais pas eues plus petite.

Au collège, je commençais à avoir mes premières crises de tétanie.

Je vivais mal le fait d'être rejetée par ma sœur Murielle qui était en 3eme, elle me disait d'aller avec ceux de mon âge et j'avais du mal à m'adapter à ces classes mixtes.

Les garçons me harcelaient dans le bus scolaire, un me toucha les seins, et mon frère Frédéric ne bougeait pas d'un poil pour me défendre, je me sentais humiliée, rabaissée, j'avais du mal à comprendre l'attrait que je pouvais avoir pour ces garçons, des photos porno circulaient.

Par ailleurs, je faisais du théâtre au collège, et l'on jouât l'histoire du petit prince, j'avais un faible pour le garçon qui jouait le petit prince et j'étais sa rose, mais hélas, que dans la pièce. Un autre garçon eut mes faveurs, mais celui-ci plus âgé, me trouvait sûrement trop gamine. Je connus mes premières déceptions. Je voulais plaire, mais en même temps cela me faisait peur, je voulais l'amour, mais pas le reste.

En été, je tombais amoureuse de garçons, et je rêvais de grandes histoires d'amour, mon cœur d'artichaut se révéla très puissant, et m'envoyait dans un monde chimérique où j'aimais m'évader, j'écrivais mes premiers poèmes, je passais des heures dans la forêt, avec mon chien, à réinventer mon monde et ma vie et çelà se résumait à cette chanson de Gérard Lenorman que j'écoutais en boucle: ||

J'étais très solitaire, mais surtout je m'échappais de ce monde qui était effrayant et puis je rêvais d'amour, du grand Amour.

Avec mes parents çà commençait à être compliqué, et comme toute adolescente qui se respecte, ils m'agaçaient, et je me sentais incomprise. Avec Fred c'était conflictuel, et avec Murielle c'était pas mieux, ma mère me comparaissait sans arrêt à elle. Elle avait toutes les qualités, et moi tous les défauts, la seule chose, c'était que j'étais plus jolie et plus fine qu'elle. En effet, celle-ci était bien enrobée, et restait plus dans les jupes de ma mère, c'était la fille « parfaite » qui faisait tout à la maison. Moi je ne faisais rien, et oui forcément puisque tout ce que je faisais était mal fait et systématiquement critiqué, du coup, je devenais fainéante, puisque démotivée.
.

A l'école, c'était pareil, eux étaient doués et moi, j'étais toujours à la traîne, la vrai cancre du collège, et là c'était semblable, on me comparaissait toujours à eux. Je n'arriverais jamais à leur niveau, l'image de débile que l'on m'avait collée à l'âge de 5 ans me poursuivit longtemps. Le fossé entre moi, mes parents et Fred et ma sœur se creusait.

Mon identité a été construite par la dévalorisation, ce qui m'a beaucoup détruite.

La seule matière où j'étais bonne, c'était le français, particulièrement la rédaction, grâce à mon imagination débordante. Un jour, en troisième je participais à un concours départemental de rédaction sur le thème de la 2eme guerre mondiale.
Nous fûmes seulement deux de la classe à gagner un prix, la première de la classe et moi, nous étions invités à la préfecture pour la remise des prix.
Quel grand jour pour moi, avec les grosses huiles, la photo dans le journal, j'ai eu mon heure de gloire!!!
Mon prix était un livre sur Oradour-sur-Glane, illustré de photos.
Ma mère me montrait les personnes qu'elle connaissait, son émotion était encore bien vivante. La douleur perdure des années.

Spirituellement, je me rendais compte que le catholicisme ne répondait pas à mes attentes, j'aimais Jésus, mais tout le fourbi religieux et idolâtre me pesait.
Au collège, une religieuse en civil nous donnait les enseignements, et j'avalais ses paroles, loin de tout ce qu'on m'avait inculqué au primaire. Je faisais également la préparation de ma communion lors d'une retraite où l'on se trouva dans un village voisin, avec tous les futurs communiants du canton.

Quel changement avec le catéchisme barbant du primaire, enfin la Parole devenait vivante en moi, et je me souviens de ce chant « Préparez le chemin du Seigneur » selon la comédie musicale Gospel en 1972, chanté par Dave, mon chanteur préféré , et oui Dieu me préparait aussi mon chemin en utilisant un langage que je comprenais et acceptais.
Ma communion et ma confirmation faites, j'avais 14 ans, et je me roulais par terre en faisant de grosses crises de nerfs pour ne plus aller à la messe, je vivais en pleine dualité entre la liberté que m'offrait le collège et la demi-pension, mes longues promenades solitaires où mon esprit s'évadait, et cette pression religieuse, que mes parents eux-mêmes fuyaient, en ne faisant que leurs « Pâques », c'est-à-dire qu'ils n'y allaient qu'à Pâques et à la messe de minuit de Noël.
Moi, adolescente révoltée ne comprenait pas pourquoi, moi je devais subir cette obligation, alors qu'eux ne le faisaient pas.
D'un autre côté entre l'enseignante au collège et un monsieur qui passait régulièrement à la maison pour vendre des livres chrétiens, (avec du recul, je pense qu'il devait être un chrétien évangélique, né de nouveau) nous avions avec ma mère de beaux échanges avec lui, il me fit découvrir la Bible, et je me rappelle du livre de Daniel et la vision de la statue, mon intérêt pour les écrits eschatologiques s'éveillèrent avec lui.

La notion du bien et du mal naissaient en moi, mais je devais avant de m'engager dans une vie spirituelle, vivre mes propres expériences.
Dieu avait son plan pour ma vie.
Daniel 2.1-49:

Ce passage marqua ma future vie spirituelle, car je m'intéressa après ma conversion aux écrits prophétiques, concernant notre temps.

Chapitre 4: Adolescence et premier Amour, premier chagrin.

Mon frère aîné Michel avait 17 ans à ma naissance, donc, comme Arthur et Gérard, nous n'avons pas été élevés ensemble, pour moi ils étaient comme des cousins, nous ne nous voyons peu. Quand il venait, pour moi c'était la fête, il était reporter-photographe, j'étais fascinée par ces gros appareils et objectifs, et c'était tout naturellement après avoir été son modèle petite, que j'ai eu envie vers 14 ans de passer derrière l'objectif. Mon rêve était né, je serais photographe plus tard, celui-ci me donna mon premier vrai appareil reflex, un des siens, un Canon FTB, du matériel professionnel si jeune, quel bonheur, la passion devint dévorante!!!

Chaque centime de mon argent de poche passait par là, à 17 ans avec mon premier salaire je m'achetais le matériel pour installer un labo photo, dans la vieille cuisine qui était à coté de ma chambre. Combien d'heures j'ai passées dans ce labo? Des centaines!

Je développais en noir et blanc et réalisais des trucages que l'on ne peux faire qu'en photo argentique.

Être dans la chambre noire a quelque chose de surnaturel. Pour développer le film négatif on se retrouve dans le noir complet. Pour faire les tirages photo, on a une lumière spéciale, inactinique*. Après avoir mis la feuille sensible, sous l'agrandisseur, on met cette feuille dans le bain de développement, et l'on voit l'image apparaître petit à petit, c'est simplement extraordinaire.

Pour faire un parallèle avec Dieu, on peut dire que dans la pénombre totale, on ne voit absolument rien, il faut s'habituer à travailler dans le noir. Mais une toute petite lumière suffit pour y voir; et tout est plus facile.
Avec Dieu c'est pareil, si on est dans l'obscurité du monde et du péché, il suffit d'un tout petit signe de Lui, une toute petite lumière pour être guidé. Alors, que si on est dans la grande LUMIÈRE qu'Il est, un tout petit coin opaque, se voit à peine. Car la lumière domine sur la nuit.
La lumière sur nos vies, c'est la grâce que Jésus nous a offert, en donnant sa vie sur la croix.
Et nous, les croyants nous sommes la lumière du monde.

Psaume 13:3:
Regarde, réponds-moi, Éternel, mon Dieu! Donne à mes yeux la clarté, Afin que je m'endorme pas du sommeil de la mort,
Psaume 27:1:
De David. L'Éternel est ma lumière et mon salut: De qui aurais-je crainte? L'Éternel est le soutien de ma vie: De qui aurais-je peur?
Romains 5:
...19Car, comme par la désobéissance d'un seul homme beaucoup ont été rendus pécheurs, de même par l'obéissance d'un seul beaucoup seront rendus justes. 20Or, la loi est intervenue pour que l'offense abondât, mais là où le péché a abondé, la grâce a surabondé, 21afin que, comme le péché a régné par la mort, ainsi la grâce régnât par la justice pour la vie éternelle, par Jésus-Christ notre Seigneur.
Matthieu 5:
14Vous êtes la lumière du monde. Une ville située sur une montagne ne peut être cachée; 15et on n'allume pas une lampe pour la mettre sous le boisseau, mais on la met sur le chandelier, et elle éclaire tous ceux qui sont dans la maison....

Curieuse du monde à 14 ans, je cherchais des amitiés en dehors des frontières, on avait des revues, où l'on pouvait avoir les adresses de jeunes de l'autre bout du monde, évidemment, j'ai eu plusieurs correspondants allemands, proposés par le prof d'allemand, dans le but de perfectionner cette langue.

J'ai eu également un ami d'Hongkong avec qui je correspondais en anglais, mais aussi un certain Hadi qui habitait à Oran en Algérie, celui-ci m'envoyait des courriers énormes, de vrais romans, remplis de dessins, car c'était sa passion, il dessinait des photos que je lui envoyais.
Il était tellement beau et intéressant, je buvais ses lettres, et je surveillais avec impatience la boîte aux lettres, le courrier mettant 3 semaines au moins pour venir, pas d'internet, de Skype à l'époque, j'ai entendu sa voix une seule fois au téléphone, et ce, à 1 heure du matin, il me réveilla, seulement 7 ans plus tard !!!!
Pendant plusieurs années, j'ai vécu cet amour platonique, mais dévastateur au point que plus rien n'existait à part lui, je restais des heures à admirer ses photos, et relire ses courriers, et à me faire dans mon imagination le film de notre rencontre, surmontant dans mon esprit tous les obstacles, dont mon mal-être personnel qui grandissait.
A travers lui, je découvrais un autre monde. Moi, je vivais un village de montagne, avec très peu d'immigrés. Lui, habitait une grande ville d'un pays qui avait vécu la colonisation, il m'a fait découvrir par la littérature, une autre vision de la guerre d'Algérie que celle que l'on m'avait fait connaître chez moi. Un jour il me prépara un exposé sur le racisme pour mon cours de religion.
Moi, j'avais un grand jardin, et une grande maison, avec une pièce pour mon labo photo à coté de ma chambre, et vivait à 100 mètres de la foret.
Lui, vivait dans un deux pièces avec ses parents, et sa sœur, dans une grande ville.
Pourtant, nos deux pères étaient tous les deux fonctionnaires, le sien à la poste, le mien aux eaux et forêt; mais pas dans le même pays, et pas la même histoire.
Sa mère était à demi-folle comme il disait, après un séjour au Maroc (avec du recul, je pense qu'elle a dû subir un envoûtement).
Je lui parlais de ma foi chrétienne, lui, me confia être très fortement attiré par Jésus-Christ et le christianisme, l'islam ne répondant pas à ses attentes.
Notre amour était sincère, et ce fût en seconde qu'il me déclara son intention de me rencontrer en été, c'est-à-dire 4 ans après nos premiers échanges, mon cœur était bondissant, mais hyper angoissée à la fois, cet amour que j'avais vécu surtout dans mon imaginaire, où allait-il nous mener?
Mes parents évidement n'étaient pas au courant, comment allait se passer notre rencontre? comment allions-nous faire, jusqu'où cela irait? ne serions nous pas déçus? il m'envoya un dessin avec nous deux dans les bras l'un de l'autre, oui, il était bien dans le même état d'esprit que moi, il était mon âme sœur, mon alter égo, nous avions tant partagés avec ces lettres de 8 à 15 pages à chaque fois, nous nous connaissions par cœur.
Oui mais, un jour je reçu une lettre d'un de ses amis :« Hadi est décédé », le sol se déroba sous mes pieds, évidemment mes parents ne comprirent pas à tel point j'étais désespéré, après tout il s'agissait d'une personne que je ne connaissais pas, d'une personne fictive, à part quelques copines à qui je pouvais me confier, personne ne pouvais comprendre l'étendue de mon chagrin, je gardais cette souffrance à l'intérieur de moi, et je vivais ce que Lamartine avait si bien décrit dans l'isolement: « Un seul être vous manque et tout est dépeuplé »

Ma période mélancolique commença.

J'avais vécu le grand amour que j'avais rêvé plus jeune, mais la vie me le vola.
Le germe de Foi qui m'avait été donné s'envola, je me réfugiais dans ma passion la photo et la poésie, plus rien d'autre n'importait.
En été, je remplaçais la distributrice du journal, je le faisais tôt le matin, et en faisant mes 10 km de tournée en montagne, le lever de soleil m'accompagnait, j'étais émerveillée, mon plaisir était intense, là était ma consolation, Hotel California des Eagles que j'avais écouté à mon réveil, me trottait dans la tête (walkman, MP3 et autres Iphone n'existaient pas encore, on était en 1976)
Je ne comprenais pas les paroles, mais cette chanson qui en vérité parle de drogue m'emmena après avoir vécu l'illusion de la jeunesse, et de l'adolescence vers la deuxième partie de cette jeunesse, après un cruel réveil sur le mensonge.

En effet, j'avais commencé à correspondre avec Ali, l'ami de Hadi qui m'avait annoncé son décès, et lui confiais ma peine, il fût à son tour mon confident, et il fût mon consolateur, cela dura environ 6 mois, puis un jour je reçu une lettre de Hadi, oui vous avez bien lu « Hadi ».

Et oui, celui-ci inventa cette histoire car il fût pris de panique, à l'idée de notre rencontre, il me demanda pardon, mais évidement après une telle révélation, je ne pouvais plus lui faire confiance, (j'appris 40 ans plus tard qu'il y avait un puissant esprit de mensonge dans l'islam) je fis un bond dans l'âge adulte, celui que j'aimais le plus au monde m'a trahi. Il n'avait pas mesuré la cruauté de ce qu'il m'avait fait, et tous les deux, nous commencèrent à perdre pied, je commençais à faire n'importe quoi (j'en parle au chapitre 5), et lui sombra dans la folie. En effet, nous continuâmes à nous écrire pendant plusieurs années, mais ses messages étaient de moins en moins cohérents, il m'avoua avoir vécu des expériences de transes spirituelles, après des danses effrénées, de prise de drogue, et d'autres choses. D'un autre coté, il commençait une carrière dans l'éducation nationale, nous nous écrivions beaucoup moins souvent, chacun vivait sa vie de son coté, et un jour, alors que j'étais mariée, il m'envoya un courrier avec, encore mon nom de jeune fille, je me dis à ce moment-là, je coupe toute relation, il a vraiment perdu la tête, il ne veut pas comprendre que je suis mariée.

Depuis, j'ai perdu toute trace de lui. Moi, j'avais réussi à pardonner, mais je pense que lui n'arrivait pas à se le pardonner.

J'ESPERE QU'AUJOURD'HUI C'EST FAIT ET QU'IL A TROUVE LA PAIX EN JESUS
Une page, pour moi, était définitivement tournée.
A cette époque, avec le lycée on alla plusieurs jours à Taizé**, au concile des jeunes de Pâques, je me rappelle d'un office merveilleux, où chacun avait un cierge et l'on se l'alluma , toutes ses petites lumières donnait une atmosphère merveilleuse, le lieu emprunt de spiritualité, poussait à la méditation et à l'échange, dommage que cela poussait à l'œcuménisme, qui est hélas avec du recul la dangereuse séduction des derniers temps.

---

*Une lampe inactinique est une lampe spéciale (rouge ou jaune-vert) qui émet une « lumière inactinique », c'est-à-dire n'ayant pas ou peu d'effets photochimiques. Cette notion est « relative ». Une lumière est inactinique pour un pigment ou une famille de pigments, mais peut avoir un effet photochimique sur d'autres types ...
**Taizé: La Communauté de Taizé est une communauté monastique chrétienne œcuménique basée à Taizé en France. Fondée en 1940 par Frère Roger, elle rassemble aujourd'hui une centaine de frères venant du monde entier et qui ont choisi de vivre ensemble une vie de prière et de célibat dans la simplicité. L'unité des confessions chrétiennes et l'accueil des jeunes adultes font partie des engagements de la Communauté depuis sa fondation.
Concile des jeunes:

À la fin des années soixante et surtout après les mouvements de mai 1968, de nombreux jeunes viennent à Taizé. À Pâques, à partir de 1970, ils sont jusqu'à 40 000 à se rassembler autour de la communauté. On commence à agrandir l'église de Taizé par des chapiteaux. Les Français s'y trouvent nombreux surtout durant la période des vacances de la Toussaint, le reste de l'année les frères accueillent des jeunes du monde entier. Chacun est invité à participer au Concile des jeunes, dans la « dynamique du provisoire »13. Ce concile fut non institué, mais relayé auprès des Églises pour que les structures religieuses s'ouvrent à ces nouvelles aspirations.
(source wikipédia)

Chapitre 5: Jeunesse révoltée

Entre ma forte déception avec Hadi, mes problèmes scolaires et mes conflits avec mes parents, la graine de révolte était semée en moi.

Après la trahison de Hadi, j'étais complètement assommée de chagrin, sans avoir grand monde à qui me confier, personne n'aurait compris: « hein, comment as-tu pu faire confiance en quelqu'un que tu as jamais vu? », je les entendais déjà les moqueurs, (aujourd'hui c'est courant avec internet, mais à l'époque c'était impensable), donc j'intériorisais ma douleur, et même la refoulais.

Après avoir redoublé ma 3 eme, j'allais dans un lycée technique avec option, physique et chimie(la photo était mon moteur, c'était de la physique et de la chimie…), tout me plut dans ce lycée, goûter à la liberté vis-à-vis de mes parents qui m'étouffaient, enfin, surtout ma mère, découvrir la grande ville et ses trésors, les copains, les copines, les parties de rigolade, mon premier flirt à ma première boum (et oui , les jeunes, regardez le film « la boum », pour comprendre!!) la découverte de la pop music et le rock, le club photo, être loin de Fred et Murielle, c'est dans ce lycée que j'ai eu mes meilleurs souvenirs de Jeunesse!

Et mes premières expériences.

Je rentrais le week-end, après avoir été dans un foyer fumeur, car tous les copains y étaient, avoir fait le trajet en train avec des fumeurs (oui à l'époque on fumait dans le train), quand j'arrivais enfin à la maison, contente de retrouver la famille après toute une semaine à l'internat, mon père me lançait d'une douche froide:

« Toi, tu as fumé! », cet accueil glacial, je l'ai eu deux fois, ce qui eut comme résultat, ma première cigarette, la deuxième semaine suivante :

Moralité, ne faites pas de suspicion hasardeuse avec un adolescent, vous aurez le résultat contraire de celui escompté!!!

Au niveau scolaire, toute cette seconde fût une catastrophe, la physique et la chimie , je n'y comprenais rien, les maths ce n'était pas mieux, et aussi quelle idée d'aller dans une section scientifique quand on est une littéraire?

Du coup l'année suivante, je me retrouvais dans un autre lycée, une autre ville, plus proche et plus petite, mais je voulais rester interne.

Mais, quelle idée d'aller dans une section littéraire quand on est nul en langues?

Du coup l'année suivante, je me retrouvais dans un autre lycée, la même ville, le même internat, et dans une section G2, on la surnommait la section poubelle, car on y envoyait tous les élèves que l'on ne savait pas où caser, c'était une section comptabilité (la compta ça ressemble aux maths

et comme j'étais bonne en maths pour une littéraire, évidemment puisque je sortais d'une section scientifique), mais je détestais la compta et la gestion, moi j'étais une artiste!!!

Du coup, l'année suivante, je me retrouvais dans un autre lycée….holà, holà, non, non...

Vous lirez la suite après, mais là je vais laisser le suspens, et revenir à cette deuxième année de seconde littéraire, dans un autre lycée, une autre ville…. Dans les matières scientifiques, je m'ennuyais et avais envie de remplacer le prof au tableau, nous avions peu de cours, 26 heures, au lieu des 34 de l'année précédente, par contre là nous avions la consigne de beaucoup lire, et faire une fiche de lecture par semaine, ce qui me convenait totalement, je dévorais Camus, Zola, Hugo, etc…J'avais de chouettes copines, Catherine et Christiane, nous étions 3 babas cool, avec nos jeans troués et nos chemises de grands pères, face aux midinettes de la classe.

Le soir, j'arrivais dans un autre monde, l'internat qui accueillait notre petit groupe, était loin d'être aussi sympa que celui de l'année précédente, je me retrouvais avec une bande d'hystériques, qui avaient décidées de nous prendre, nous, les intellectuels, comme boucs émissaires. C'étaient des conflits continuels, elles mettaient fort leur musique, que je trouvais débile, et je ne pouvais pas me concentrer sur mes livres, je fus victime de leur harcèlement. Même lors d'une brimade en fin d'année, elles me déshabillèrent et me poussèrent sous la douche, moi qui étais si pudique, j'ai trouvé çà extrêmement violent, et me confia à la bibliothécaire de mon lycée qui était également mon amie, et qui m'avait pris sous son aile.

J'avais que des amis garçons, à l'internat, et me réfugiais dans leur étude, mais à une certaine heure, je devais dégager et retrouver ces pestes immatures.

Heureusement, la journée, je retrouvais mes deux amies, Catherine et Christiane, qui elles, étaient externes.

Dans cette seconde littéraire, il y avait une élève un peu bizarre, elle était beaucoup plus mature que nous, et très torturée, et en sport, on a fait de l'expression corporelle, sur une musique de Pink Floyd, musique psychédélique, et très à la mode. Avec la danse on a dû imaginer un « voyage » à l'aide de la musique, après la séance, on pouvait dire notre ressenti. Toutes les élèves ont déclaré avoir vécu une libération, c'est la seule qui a ressenti un enfermement. Quelque temps plus tard, elle se suicida, on en parla en classe, avec la prof de français, incapable de faire son cours, elle aurait souffert d'une rupture…

Deux ou trois ans plus tard, c'est cette prof, (passionnée par Mme Bovary, à qui elle s'était sûrement identifiée, car on l'étudia tout un trimestre) qui fût assassinée dans la forêt, sur sa route, avec une énorme somme d'argent sur elle, sûrement victime d'un maître chanteur. On récolte ce que l'on sème..

Quand j'allais en 1 ere G2, donc dans ce fameux lycée avec ce fameux internat remplis de pestes, je me retrouvais dans une section où, je m'ennuyais à mourir, à part en français où j'avais un prof génial, Mr Jean Charles. Je n'avais quasiment pas d'amies, à part mes deux potes de 1m90, alors

16

que j'en fais 1m57, moi au milieu des deux dans la cour, cela devait être comique, enfin je me sentais protégée.

J'avais une copine qui, hélas était souvent absente, et un jour je lui demanda pourquoi, et elle me montra ses deux poignets avec des pansements: « j'ai fait une bêtise » je ne savais pas quoi lui répondre… Nous avions des points en communs, nous aimions toutes les deux écouter Léo Ferré, lire Edgard Alan Poe….Bref, je ne pense pas avoir été d'un grand soutien!

Je ne voyais presque plus mes deux amies Catherine et Christiane, qui, elles, avaient continués le cursus littéraire.

Mon mal-être grandissait, je me trouvais laide et stupide, les super pestes me certifiaient mon point de vue sur moi-même.(en fait avec du recul, je me rendis compte qu'il s'agissait uniquement de jalousie, et c'est un poison)

Quand je rentrais chez mes « vieux » au village, que je leur confiais que je détestais le lycée, et la compta, que je voulais être photographe, je n'avais que, comme réponse: « ce n'est pas un métier pour une femme, et puis tu es un cancre, comment veux-tu réussir dans ce domaine? »

Le fossé d'incompréhension continuait à se creuser.

Déterminée, le soir au lieu de faire mes devoirs, je commençais des cours par correspondance de photo, j'étais accrochée à ce rêve.

Et, j'allais me réfugier chez mes amis artistes, un marionnettiste bouddhiste, et sa femme catholique, ma mère gardait ses filles et la chienne quand ils partaient en tournée, je les connais depuis l'âge de 11 ans, et nous sommes toujours amis. J'allais aussi chez un autre couple, lui, était aquarelliste et elle danseuse, j'étais passionnée par ce milieu d'artistes, je suis également restée amie avec eux, jusqu'à mon premier divorce, ils n'étaient pas d'accord. Puis un jour, ils furent eux-mêmes touchés par la plaie, lui est parti avec sa meilleure amie à elle, résultat: il est mort prématurément et alcoolique et elle vit malade et dans la misère, elle est partie vivre ailleurs, on a perdu contact, j'ai des nouvelles via mes amis marionnettistes.

Oui, en fait j'avais plus d'amis adultes que de jeunes de mon âge, un autre ami fût mon prof de Français, Jean Charles, il avait une pédagogie, très moderne pour l'époque, il ne faisait pas de cours magistral, mais il poussait à l'interactivité, et c'était « trop bien ». Il voulait pousser les élèves, à réfléchir, à faire des recherches, on passait des fois l'heure de cours à la bibliothèque, plutôt qu'en classe c'est grâce à des gens comme lui, que j'ai évolué dans le bon sens, et à m'éveiller, car enfin, je me sentais comprise, moi l'inadapté scolaire. Un jour il me dit: « c'est pour des élèves comme toi, que j'ai eu envie de me battre, car le système scolaire n'était pas fait pour les gens comme toi », mais un jour il a dû capituler, les élèves lui dirent, : « monsieur, c'est bien joli , mais nous on a le bac de français, à la fin de l'année, il nous faut une liste de textes et leurs explications », Mon Dieu quelle tristesse!!!

Jean animait également un club d'audiovisuel, bénévolement dans les interclasses, nous avons réalisé des diaporamas : un vrai travail de titan à l'époque. Et, aux vacances scolaires de Pâques, je m'étais inscrite à un stage de cinéma super8, et là qui j'y retrouve? Jean, et pendant toute la semaine, nous nous sommes beaucoup amusés, et le mot d'ordre était que
tout le monde se tutoie. Évidemment, c'était trop bizarre, quand je repris la classe, waouh, le décalage avec les autres élèves….Celui-ci m'invita à venir à son club de cinéma, dans un village voisin du mien, j'y ai participé plusieurs années, nous avons fait un film sur mes amis marionnettistes, et d'autres encore,nous avons participé à des festivals, et avons gagné un concours avec un film qui dura plus d'une année de tournage.

17

Sa femme était très douce, et quand j'allais chez eux, je ressentais vraiment une harmonie qu'il n'y avait pas chez moi. Quelle belle aventure, quel bonheur d'être avec des gens avec qui on a des passions communes. Celui-ci quitta l'éducation nationale quelques années après mon arrêt scolaire, il avait fait une grosse dépression, et se tourna vers la formation pour adultes, il fût maire de son village qui vient d'être élu le plus beau village de France sur France 2, il doit être fier.
Et, moi je suis fière d'avoir eu un tel prof, et un tel ami.
Car, en général, les autres étaient plutôt…Bof….ou despotes, trop formatés par l'éducation nationale.
En classe, j'avais une autre amie « bizarre » , elle était juive, la première rencontrée dans ma vie, elle me disait qu'elle avait un office tous les samedis de 4 heures, j'étais fascinée, moi qui trouvais terriblement longue la messe qui ne durait qu'une heure, et elle me disait qu'un jour elle partirait vivre en Israël, moi la catho de village, et qui ne connaissait que des cathos, et un bouddhiste, j'ouvrais mon esprit à d'autres horizons spirituels.
Dans ce lycée, il y avait un groupe biblique lycéen, GBL, et pour moi c'était une bouffée d'oxygène, les deux jeunes qui s'occupaient du groupe s'appelaient Peterschmitt, (je connus plus tard d'autres Peterschmitt, mais cela sera dans un autre chapitre), nous discutions autour de la bible, nous chantions, ou regardions des films, et j'ai même été un jour à un week-end, c'était sympa: encore une graine de semée, et une bouffée d'oxygène, dans ma vie lycéenne.

Je suivais également les cours de religion, nous étions 5 ou 6 de la classe, les autres préférant utiliser ce temps facultatif pour traîner ou réviser. Nous y parlions plus de sujets de société que de religion, c'était plutôt de la prévention, sur la drogue, l'avortement, etc….

Mon mal-être grandissait, entre ce que j'avais envie de faire et ce qu'on m'obligeait à faire, mes parents qui étaient cartésiens, voulaient une fille qui soit dans le moule qu'ils avaient formé, ils ne comprenaient pas, les autres réussissaient leurs études, étaient travailleurs, étaient sérieux...
Combien de fois, j'ai entendu: « mais qu'est-ce qu'on va faire de toi? », combien encore de mots « assassins » , qui m'ont détruits petit à petit…
Le vilain petit canard devenait de plus en plus rebelle, la porte claquait souvent, et je me réfugiais, dans ma chambre à écrire dans mon journal intime, dans mon labo, dans la nature avec mon appareil, ou chez mes amis artistes, j'idéalisais tellement leur vie…
Et, dans les revues pour la jeunesse, il y en avait une qui s'appelait Antirouille…Cette revue offrait des annonces gratuites, et c'est ainsi que je décidais de me faire à nouveau des amis-correspondants, mais cette fois-ci en France, j'ai fait plusieurs rencontres, en général des passionnés de photos, et j'allais pendant les vacances scolaires à leur rencontre à Paris, et cela me donnait l'occasion de m'évader de ma famille.
Une d'elles m'invita, c'était Sophie, elle m'envoya ses clefs par la poste, car elle rentrait seulement 3 jours après mon arrivée, et oui on était confiant à l'époque, elle m'hébergea plusieurs fois, et même une fois avec ma sœur, elle était très gentille, et faisait des études pour fabriquer des prothèses. Quelques années plus tard, je l'ai revue dans un reportage suite au tremblement de terre en Arménie en 1988, elle était avec un convoi humanitaire, et oui quand on a du cœur, on va jusqu'au bout; avec elle on refaisait le monde, et si tout le monde ferait comme elle, le monde tournerait mieux. Et, elle me fit rencontrer un handicapé, il avait une maladie dégénérative et mortelle, il était dans son fauteuil roulant, et moi je lui racontais mon petit chagrin d'amour (un garçon que j'avais rencontré à Paris, l'ami d'un de mes correspondants), et lui me consolait, après j'ai eu honte de moi, lui, « il est malade et toi, tu lui racontes tes petits soucis… ». Mais avec du

recul, je pense qu'il a apprécié, que je n'étais pas dans l'apitoiement, mais que je l'avais pris comme confident, et il a dû en être heureux.

Un autre m'a arnaqué, en abusant de ma confiance, après m'avoir attiré chez lui, il m'emprunta tout l'argent que j'avais mis de coté, et ne me le rendit jamais. Je ne vous explique pas l'engueulade à la maison.
Puis, un jour en parcourant les annonces, une me sauta aux yeux, c'était celle de Cédric...
« Jeune artiste peintre cherche amitié avec personne ayant également des goûts artistiques... blablabla..., je fusse comme happée par ce message, y répondit de suite, et la réponse ne se fit pas attendre, c'est là que je fis sa connaissance...Cédric m'intriguait, et bien sûr son côté artiste me fascinait...On se donna rendez-vous à Paris sur la place Beaubourg, je scrutais la place avec mon appareil et son zoom, lorsque je sentis quelqu'un me toucher l'épaule, c'était Sophie, et lui...Ce fût comme une évidence, il me plût dès cet instant, le lendemain nous étions invités à une fête l'après-midi, chez un autre correspondant, et je faisais de la balançoire, et il ne me quittait pas des yeux. Nous nous parlions peu, nous nous observions. Le soir nous dormions chez Sophie, et nous décidâmes de partir le lendemain chez lui à 100km en auto-stop.
Sur la route il m'embrassa, puis arrivé chez lui nous nous quittâmes pas, c'était un amour fusionnel et passionnel.Nous ne quittions pas sa chambre pendant plusieurs jours, que la nuit pour manger, se laver et se dégourdir les jambes, sa chambre était installé dans la cave, à cause de la mésentente avec son père.
Ses parents, tous les deux médecins, avaient été radiés de l'ordre des médecins pour alcoolisme, sa mère était morte d'une cirrhose de foie. Il me raconta que son père n'était pas son vrai père, que sa mère avait été amoureuse d'un autre homme, mais que dans la bourgeoisie de l'époque c'était un scandale, et que l'on ne divorçait pas, et c'était parce qu'ils étaient malheureux, qu'ils avaient sombré tous les deux dans l'alcoolisme. Il était persuadé d'être un enfant naturel. Il était très perturbé, il volait les carnets d'ordonnance de sa mère pour aller à des pharmacies différentes, se fournir en valium, et opiacés, et il fumait également du cannabis pour se droguer. Je me suis mis à espérer l'aider à se sortir de cet engrenage.
Je retournais au lycée faire acte de présence, mais mon esprit était ailleurs, une nuit il dormit sous les fenêtres de l'internat, il fit sensation aux yeux des filles ...
C'était décidé, je plaquai tout, et le suivi, et ceci à un mois du bac de Français, nous allâmes en Bretagne, et fîmes du camping sauvage dans les dunes, il avait plus de livres que de vêtements dans son sac (Kérouac, Huxley, Céline, et Antonin Arthaud...). Je connus la faim et la soif (essayez le riz cuit au sel de mer...), mais cela n'avait pas d'importance, j'étais avec lui...Après la Bretagne, c'était la Côte d'Azur...Je décidais de retourner chez moi, juste pour passer les épreuves du bac...
Quand je le présentais à mes parents, il s'avéra que ma mère me dit qu'elle avait connu la sienne pendant sa grossesse, c'était son médecin, et avait en effet remarqué son alcoolisme, elle aussi était enceinte de Cédric, car nous avions à quelques mois prés le même âge, c'est extraordinaire, nous nous étions rencontré déjà dans le ventre de nos mamans, et 18 ans après c'est une petite annonce qui m'avait attiré, alors qu'il avait déménagé à plus de 600km...
Cédric était un cas désespéré, mais j'avais l'espoir de le « sauver » de ses démons, c'était « l'homme de ma vie » (et il est vrai, je n'ai jamais plus aimé une personne aussi fort que lui), nous ne nous protégions pas, c'était avant le SIDA, et tomber enceinte, je n'y pensais pas, il m'avait dit qu'il était sûrement stérile (ce qui s'attesta faux par la suite).
Nous étions amoureux et nous ne pensions pas à l'avenir, nous étions anarchiques, révoltés et « peace and love », nous ne vivions que l'instant...

Quand les voitures ne nous prenaient pas, nous aimions insulter les bourgeois.
Au lieu de le sauver, je me perdis moi-même, et commençai aussi à goûter aux « paradis artificiels », le malin avait trouvé sa victime, et avec des « essaye », des « tu seras bien », je finis par céder.
Grâce à Dieu, je fis un mauvais trip avec un valium, et fût dégoûtée ...mais je continuais le shit et l'herbe, mais ne fût pas accro, car à l'époque, ils étaient plus pur et doux que maintenant (en effet, hébergea une fille de 16 ans, 30 ans plus tard, qui devint accro en 3 mois).
Un jour, il m'annonça qu'il s'était engagé dans l'armée, ce fût notre première dispute et séparation, j'étais malade comme un chien, comment avait-t-il pu faire une telle chose?

Il savait que j'étais antimilitariste, mais lui était dans la confusion, et devait trouver un but dans sa vie, et son rêve de faire du parachute, se transforma en entrée dans un des corps d'armée les plus impitoyables : « les parachutistes » de Carcassonne, dont le slogan est: « être et durer ».
On se sépara pendant 3 mois, j'étais désespérée et avais envie de mourir, nous renouâmes via téléphone et courrier, puis quand on se retrouva, je reçu un choc, je ne le reconnaissais pas dans son uniforme et crâne rasé, mais l'amour était plus fort que tout. Je fis ma valise, et nous cherchâmes un logement à Carcassonne, je cherchais du travail, car la solde était petite ,en effet, il ne faisait que ses classes, je m'engageais à faire du porte-à-porte pour vendre des encyclopédies, et cela ne marchait pas, nous mangions moi et une amie Élise (venant aussi du Nord Est rejoindre également son amoureux, et voisine de palier) des tartines de confiture et du café au lait, tandis que nos amoureux mangeaient de vrais repas à la caserne.
Le samedi soir, c'était la beuverie pour oublier les dures conditions de vie à la caserne, et ensuite les clowneries dans les rues.
Cette vie ne me satisfaisait pas, d'autant plus je faisais un travail qui incitait les mauvaises rencontres, et je fus dégoûtée un jour, d'avoir vendu une encyclopédie à des gens qui étaient visiblement sous le seuil de pauvreté. Cette méthode de vente qui manipulait les gens me donnait envie de vomir. Je démissionnai suite à une soirée où l'on m'incita à boire jusqu'à en être malade, ce client avait un arsenal chez lui, c'est là vraiment que je réalisai la folie des hommes autour de la haine et la violence. Tant que l'on voit ces choses à la télé , on ne réalise pas, mais en voyant cela en vrai, c'est autre chose, heureusement que mon chef était présent, (qui d'ailleurs avait comme amie la bouteille, comme beaucoup de commerciaux itinérants) car je ne sais pas ce qui me serait arrivé ce soir-là si j'avais été seule dans l'état où j'étais, et avec ces gens-là.
Pour combler notre vide, Elise et moi, nous allâmes chercher des chiens à la SPA, hélas le sien mourut très vite, il était malade et je l'avais mise en garde, le mien c'était Ulysse. Celui-ci fit un beau voyage de retour en Alsace chez mes parents quand Cédric décida que c'était fini, nous deux.
En effet, comme je déprimais et que lui étant décidé de quitter l'armée en simulant une tentative de suicide, il ne voyait sûrement pas l'avenir avec moi, je ne susse en fait jamais ce qu'il pensait, car c'est un ami d'un certain âge rencontré à Carcassonne David, et qui avait un magasin de relieur de livres à l'ancienne, érudit, à qui il transmit la mission de me le dire. (j'appris que plus tard cet indécrottable athée finit par devenir chrétien);
J'appris par la suite qu'un autre soldat voulut lui casser la figure, il était révolté par Cédric. Celui-ci gardait l'argent pour se droguer, pendant que je ne mangeais rien. Ce soldat profita pour me draguer dès qu'il sut que c'était fini avec Cédric.
C'est super, l'esprit de camaraderie à l'armée!!!
Quand je partis de Carcassonne, nous étions dans la boutique de David, je ne sais pas pourquoi, je fis marche arrière, et Cédric se sauva au fond du magasin.

Un mois plus tard, je partis à nouveau, ma mère me réclama mon carnet de chèques pensant que cela me retiendrait.

Je retournais à Carcassonne accompagné d'un nouvel ami, celui-ci était amoureux de moi, mais moi j'avais Cédric dans la peau, Elise me dit qu'il fallait que je parte le plus vite possible, que Cédric avait laissé l'appartement dans un état lamentable, sans payer ni loyer, ni électricité.

Nous allâmes dans une communauté au dessus d'Apt, c'était un petit village abandonné, et dont la communauté retapait les maisons les unes après les autres. Ils se disaient Chrétiens, et vivaient presque en autarcie, jardin, animaux, et fabrication du pain occupaient largement les personnes. Quand tu arrivais tu donnais tout ce que tu possédais. Il s'y trouvait des vagabonds, une ancienne prostituée devenue lesbienne, un homosexuel très gentil.

Il y avait une réunion obligatoire tôt le matin. C'était très strict, limite sectaire...J'ai peu senti d'amour.

Un jour, arriva une fille déjantée qui se faisait appeler Shiva, elle était très bizarre, et un soir un tableau tomba tout seul du mur de sa chambre et cela me perturba, les personnes de la communauté disaient qu'elle faisait de l'occultisme, ils avaient envie de la mettre dehors, mais ne pouvaient pas car ils avaient comme principe d'accueillir tout le monde qui se présentait.

Bien que je me sente bien, (mon ami étant parti, je fus odieuse avec lui, en le rejetant) avec le contact de la nature et l'idée de vivre ainsi.Par contre, cette fille me mettait très mal à l'aise.

Je reçu une lettre de ma mère me disant que Murielle avait trouvé du travail pour moi, (je compris plus tard que c'était un piège, pour me faire rentrer) je décidais donc de rentrer, et les responsables de la collectivité dirent, « tu retournes dans cette société pourrie de consommation? ». Décidément, ils étaient trop à l'écart du monde, ce qui était paradoxal, car ils ne vivaient pas qu'en autarcie, mais également profitaient de dons extérieurs. La seule personne qui m'accompagna, c'était l'homosexuel.

J'espère que Dieu a fait un miracle dans sa vie, car je sais que l'homme n'a pas une nature faite ainsi, et que s'il est sincère avec sa Foi, Dieu peut le changer, car que cela vous choque ou non, c'est un péché, et non admis dans la Bible.

1 Co 6,9 :

«Ne vous y trompez pas ! Ni impudiques, ni idolâtres, ni adultères, ni dépravés, ni gens de mœurs infâmes (traduit aussi par efféminés)... n'hériteront du Royaume de Dieu. »

1 Tim 1, 10 : « La loi n'a pas été instituée pour le juste mais pour.... les impudiques, les homosexuels (il y a plusieurs traductions possibles de ce mot) , les trafiquants d'hommes, les menteurs, les parjures, et pour tout ce qui s'oppose à la saine doctrine. »

Rm 1, 18-32 : ... «Les hommes se sont rebellés... aussi Dieu les a-t-il livrés à des passions avilissantes : car leurs femmes ont échangé les rapports naturels pour des rapports contre nature ; pareillement les hommes, délaissant l'usage naturel de la femme, ont brûlé de désir les uns pour les autres, perpétrant l'infamie d'homme à homme et recevant en leurs personnes l'inévitable salaire de leur égarement. »

Ce qui ne veut pas dire évidemment que le chrétien doit être homophobe, bien au contraire, Jésus nous aiment tous, car nous sommes tous des pêcheurs et Il nous donne comme premier commandement d'aimer notre prochain comme nous-mêmes.

Je retournais donc chez mes parents, qui m'envoyèrent deux mois plus tard travailler chez une cousine dans un restaurant pendant la saison estivale, je dormais chez ses parents dans le village d'à coté et allais en vélo travailler, et pendant la pause de l'après-midi, je me promenais en vélo, et m'asseyais au bord d'un ruisseau, je rêvassais, et guérissais mon cœur, j'oubliais peu à peu Cédric.

Un jour, je me disputai avec ma cousine, et sur un coup de tête je partis en stop, je me confiai à mon chauffeur, mais celui-ci s'arrêta sur le bord d'un chemin, il se mit sur moi, je me débattis et je voulus me sauver, il me donna un coup de poing sur le visage, en me menaçant de me tuer, il me déshabilla, mais eut un moment de panne technique, ou de prise de conscience. Je profitai de cet instant pour m'enfuir, mais à la police, sans numéro de plaque, ils ne pouvaient rien faire, pas de prise de plainte, pas de cellule de crise, pas de rencontre de psy, rien, circule, rentre chez toi!!!

De retour chez ma cousine, je lui fisse promettre de ne rien dire à mes parents.

Un nouveau traumatisme, mais bon il faut continuer de vivre comme si de rien n'y était, pour pas inquiéter les parents.

Ensuite, je fis les vendanges et rencontrai un très beau garçon, qui me réappris la douceur, je lui fis un cadeau et il me promit de le mettre avec les autres cadeaux de ses ex, comme un trophée. Mais bon j'étais accro, et nous nous promîmes de se revoir, il alla faire la cueillette des mandarines en Corse, et l'hiver arrivé, quand je retourna à Paris, nous nous donnâmes rendez-vous à la bibliothèque de Beaubourg. Heureusement que nous nous étions donné rendez-vous au chaud, je l'ai attendu des heures, bien entendu je ne l'ai jamais revu…Lui, avait eu son cadeau pour sa collection, et moi? Mon petit cœur encore une fois de plus meurtri.

Chapitre 6: Drame familial

Poème de l'époque:
L'étincelle.

Elle avait besoin d'une raison d'être
Elle n'appréciait plus le vent, même le vent de la douce tendresse
Et son cœur se flétrissait, elle ressentait la fatigue du travail
Mais surtout d'un manque,
Elle attendait le jour
Elle savait qu'il viendrait
Elle avait besoin de retrouver ses yeux d'enfant,
Il le fallait,
Les enfants étaient les seuls qui pouvaient lui réapprendre à sourire
Et à avoir de l'espoir.
Mais elle savait aussi que cela devait venir d'elle,
Que la route n'était pas une voie sans issue,
Que le matin lui montrait les plus beaux paysages
Tous petits, mais si grands,
Derrière tout cela, il y avait quelque chose qui n'avait pas
De nom, mais il fallait y croire
Il ne fallait pas regarder le soleil à travers les arbres,
Mais bien en face, même s'il devait aveugler.

Son amant ne lui donnait plus la main, mais tous deux étaient si proches
Que leurs âmes se confondaient.

Il fallait absolument qu'elle partage sa joie, mais il fallait d'abord qu'elle la reconnaisse.
Pour cela , elle devait retrouver ses yeux de petite fille,
Et le monde devait s'ouvrir comme un corps, prêt à l'amour, comme le cœur d'un temple,
Elle ne serait plus cette marionnette manipulée par les hommes, leur argent, leur
égoïsme, leurs idées.
Elle retrouverait son identité, son intégrité, sa vérité...
Enfin, elle pourrait à nouveau créer...
Sa création ne serait qu'un cri....
Mais plus un cri de souffrance,
Mais un vrai cri de joie...

Elle aura trouvé l'étincelle,
Et ses yeux s'ouvriront à la lumière.

...L'ABSOLU...
1982

J'ai une tendresse particulière pour ce poème: « L'étincelle », c'est mon préféré, et je désirais le mettre en introduction de ce chapitre difficile, car il invoque mon état d'esprit de l'époque, car malgré la dépression, malgré les épreuves, j'avais le pressentiment, qu'un jour je découvrirais cette étincelle de vie, et c'est-ce que je vis depuis ma nouvelle naissance en 1997, et c'est bien plus qu'une étincelle, mais un gros feu comme je n'aurais jamais pu imaginer, mais pour y arriver, bien des épreuves devaient encore me forger.

Après, le gros tsunami sentimental de Cédric, et les autres mésaventures, je continuai à être cette fille paumée, qui cherchait désespérément l'amour, et ne rencontrais que des garçons qui cherchaient une aventure, j'étais leur jouet pour un temps, et que l'on jette quand on est lassé. Quand ils sentaient trop ma dépendance affective, ils me disaient: « on va s'arrêter là, car tu t'attaches trop à moi ». Mon cœur d'artichaut prenait à chaque fois un coup supplémentaire. **Avec du recul, je me dis que jouer avec les sentiments est une des choses les plus cruelles qui existent, mais hélas, cela devient si courant aujourd'hui, c'est sans compter les dégâts réalisés chez les personnes, et cela même dans le milieu chrétien.**
Mais, depuis Dieu m'a guéri de cette dépendance affective, et donc me préserve désormais de toute nouvelle déception, Dieu m'a guéri mon cœur brisé, mais ce fût un long cheminement, et j'apprends désormais ce que c'est le véritable amour, et celui de Dieu n'a aucune comparaison sur cette Terre

<u>*1 Corinthiens chapitre 13 :*</u>
1En effet, supposons que je parle les langues des hommes et même celles des anges : si je n'ai pas l'amour, je ne suis rien de plus qu'une trompette claironnante ou une cymbale
bruyante. 2 Supposons que j'aie le don de prophétie, que je comprenne tous les mystères et que je possède toute la connaissance ; supposons même que j'aie, dans toute sa plénitude, la foi qui peut transporter les montagnes : si je n'ai pas l'amour, je ne suis rien. 3 Si même je sacrifiais tous mes biens, et jusqu'à ma vie, pour aider les autres, au point de pouvoir m'en vanter, si je n'ai pas

l'amour, cela ne me sert de rien.4 L'amour est patient, il est plein de bonté, l'amour. Il n'est pas envieux, il ne cherche pas à se faire valoir, il ne s'enfle pas d'orgueil. 5Il ne fait rien d'inconvenant. Il ne cherche pas son propre intérêt, il ne s'aigrit pas contre les autres, il ne trame pas le mal. 6 L'injustice l'attriste, la vérité le réjouit. 7 En toute occasion, il pardonne, il fait confiance, il espère, il persévère.8 L'amour n'aura pas de fin. Les prophéties cesseront, les langues inconnues prendront fin, et la connaissance particulière cessera. 9Notre connaissance est partielle, et partielles sont nos prophéties. 10 Mais le jour où la perfection apparaîtra, ce qui est partiel cessera.11 Lorsque j'étais enfant, je parlais comme un enfant, je pensais et je raisonnais en enfant. Une fois devenu homme, je me suis défait de ce qui est propre à l'enfant. 12 Aujourd'hui, certes, nous ne voyons que d'une manière indirecte, comme dans un miroir. Alors, nous verrons directement. Dans le temps présent, je connais d'une manière partielle, mais alors je connaîtrai comme Dieu me connaît.13 En somme, trois choses demeurent : la foi, l'espérance et l'amour, mais la plus grande d'entre elles, c'est l'amour.

Après un premier travail, je louais un appartement
de deux pièces, dont une pièce servit d'atelier.Je me réfugiais dans la création artistique, et en plus de la photo et de l'écriture, de l'expression corporelle, je pris des cours de dessin, de modelage, de peinture, je travaillais comme animatrice avec les enfants, et voulais faire mon BAFD, pour me professionnaliser.J'étais également animatrice de radio bénévole, et j'y rencontrai Pascal. De fil en aiguille, je tombai amoureuse de lui, mais il vivait avec sa copine.il était sorti des rose-croix, mais était suivi en psychiatrie, car il avait des visions des puissances démoniaques, sa copine aussi était très perturbée. Une amitié très spéciale s'installa entre nous trois, je devenais leur confidente, mais lui était attiré par moi, et le filet de la séduction nous tomba dessus, notre relation fût brève, mais intense, je lui demandai de choisir entre elle et moi, il resta avec elle, ce que je respectai, car je ne voulais pas la faire souffrir, alors que lui, visiblement n'était pas du tout dérangé par cette idée d'une relation triangulaire.
Je partis à Strasbourg réaliser mon stage de base BAFD, et celui-ci se passa très mal, les instructeurs me renvoyèrent de la formation en me déconseillant ce métier, car ils me trouvaient trop fragile émotionnellement, et pensaient que je me ferais « bouffer », et me conseillai de me diriger plutôt vers un métier créatif.
Déprimée, je déambulais dans les rues de Strasbourg, quand tout à coup je fusse envahie par un mal-être terrible, je sus par la suite qu'il s'agissait d'une expérience maléfique.
Deux jours plus tard, à mon retour chez moi, j'appris que sa copine avait trouvé Pascal pendu dans leur grenier, à la même heure où j'avais ressenti ce malaise, le samedi précédent.
Je sais maintenant que c'est une puissance démoniaque sortit de lui, qui est entrée en moi, c'était un esprit de mort dont j'ai été délivrée depuis.
On l'enterra, et celle-ci me dit à la sortie de l'office que s'il était resté avec moi, il serait encore vivant, ce qui me chargea encore plus de culpabilité, avec du recul je compris combien étaient puissantes ses forces destructrices.
Celle-ci devait partir vivre chez ses parents, en laissant appartement, meubles et voiture, que les frères et sœurs s'empressèrent de chercher ;sans mariage, il ne reste qu'à la femme ses yeux pour pleurer. Dieu à créer le mariage, l'homme
le concubinage, pour son malheur, je l'ai perdue de vue et je n'ai jamais su ce qu'elle est devenue. J'espère qu'elle a rencontré Jésus, pour la paix de son âme, pour lui, hélas, son destin aura été malheureusement scellé par Satan.

Je connaissais des Chrétiens évangéliques pentecôtistes, mais cela ne m'intéressait pas, je les trouvais trop bizarre, et trop « illuminés », il y en avait une qui me « harcelait » toujours avec ses versets bibliques, ça me rebutait plus qu'autre chose.

J'allais fêter mes 24 ans, et ma mère commençait à désespérer de ne pas me voir « casée », bien que je ne vivais plus chez mes parents, ma mère avait toujours une grosse ascendance sur moi. Je travaillais comme serveuse dans une pizzeria, un client Richard qui était venu avec son ami Alain, m'invita en boîte de nuit avec l'autre serveuse que cet Alain connaissait, Richard n'était pas un beau garçon, mais avait du charme, et il était flatté qu'une jolie fille comme moi s'intéresse à lui, nous sortîmes ensemble le soir même, et je me retrouvai enceinte un mois plus tard. Celui-ci me déclara être d'accord pour rester avec moi et élever l'enfant, évidemment mes parents n'étaient pas au courant. Mais en tombant dans un escalier, je fis une fausse couche.Il était amoureux de moi, et fit 50 km en mobylette en plein hiver, juste pour me le dire.

Ma mère trouva cela épatant, et me dit: « vas-y c'est le bon », deux mois plus tard, j'avais démissionné et je m'étais installée chez lui . Il était facteur, et orphelin depuis l'âge de 11 ans, sa mère était morte foudroyée dans sa maison en construction, son père les quitta, lui et son frère de 15 ans, trois mois plus tard en simulant un accident, pour qu'ils héritent de la maison payée par l'assurance-vie. C'est son frère qui les trouva à chaque fois, les deux, et resta marqué par des tics nerveux et de l'alcoolisme. Richard était aussi torturé, et surtout pleins de ressentiment envers son tuteur qui l'avait spolié de tous les loyers des locataires de la maison jusqu'à sa majorité,. Cet oncle l'avait pris à sa charge juste pour l'argent, ce qui mit Richard dans une quête de revanche sur la vie, et surtout au niveau matériel, et de reconnaissance sociale.

Quatre mois après mon installation chez Richard, le drame arriva.

Mes parents étaient en vacances dans les Îles Canaries, et mon frère Fred, finissait son service militaire en sursis dans le sud de la France, à Narbonne, il avait réalisé ses études, après Mathématique Supérieure, Mathématiques Spéciales et avait clôturé par l'École des Mines de Nancy, trois mois plus tard, il devait se marier, et donc à 25 ans la vie s'ouvrait devant lui. Il avait une Deux chevaux et devait se rendre à Toulouse, son futur beau-père lui proposa de lui prêter sa voiture, mais celui-ci déclina et partit avec la Deux chevaux. Un homme avait bu et partit avec sa grosse Mercedes…

Mes parents sur l'île, se promenaient sur la plage, et regardaient vers leur hôtel, ils virent la lumière de leur chambre clignoter. Le lendemain, ils apprirent que mon frère avait été tué sur la route à la même heure où la lumière clignota.Ils furent rapatriés en France, et c'est mon frère Gérard qui descendit à Toulouse reconnaître le corps, on nous fît croire dans un premier temps au coup du lapin, mais en fait c'était une véritable boucherie qu'on nous cacha, tandis que l'autre s'en sortit avec une journée d'observation à l'hôpital.

Ma mère était dévastée, son fils préféré avait disparu, elle ne comprenait pas, et disait que le pire qui peut arriver à quelqu'un est de perdre un enfant. Pour soutenir mes parents, je tenais le choc. Trois mois plus tard, je commençais une formation en ébénisterie et me confrontai au machisme de mon professeur qui estimait qu'une femme n'avait rien à faire dans un atelier, nous étions trois femmes, et devions être solidaires pour lui prouver le contraire, l'ébénisterie est un artisanat délicat, avec les sculptures et la marqueterie, et demande une précision que beaucoup d'hommes n'ont pas. Le stage était intensif et difficile, mais je m'accrochais, hélas, la veille des vacances de Noël, je mis ma main dans la tenonneuse, la blessure n'était pas grave et cicatrisa pendant les vacances, mais créa en moi, une phobie des machines, et à mon retour en janvier, il m'était impossible de travailler.

J'étais tétanisé par ces machines, et commençai une dépression sévère, car je voyais mon rêve de m'accomplir professionnellement s'envoler. J'allais chez mon médecin traitant qui me prescrivit du Prozac (depuis on s'est rendu compte que le Prozac provoquait des idées suicidaires chez les jeunes personnes), j'atterris à l'hôpital après une TS (tentative de suicide), s'ensuivit une cure de repos dans un institut spécialisé pour les femmes. Je rencontrais des cas bien pire que le mien, ce qui me permit de relativiser mes problèmes, et l'ergothérapie fût vraiment ma planche de salut, et le sevrage des médicaments.

Sentimentalement, j'étais perdue, je ne savais plus où j'en étais par rapport à Richard, et je me posais des questions. De l'autre côté, j'avais besoin d'avoir un but dans ma vie pour pallier à l'échec de ce stage, ma mère, toujours en quête de me voir stabilisée, m'incita à me marier, et d'autre part et en contradiction de l'avis de la psy, je décidais de combler mes manques à devenir mère.

(conseils: vivre votre deuil immédiatement après le décès, plus le temps est long, plus dur est la chute. Surtout, ne pas épouser une personne en suivant les conseils d'une personne, ne serait-ce que votre mère, n'écoutez que votre cœur, et surtout, surtout ne pas faire d'enfant pour combler un vide ou une frustration, il en est de l'avenir de l'enfant).

Chapitre 7: Mariage et naissances

Après cet épisode, nous décidâmes le mariage, et la création de ma première entreprise, Richard et moi créions des jouets en bois, et des modelages, dont des poteries miniatures, il s'avéra que celui-ci était très doué, et réalisa des merveilles, notre passion commune nous rapprocha et permit ma guérison (il s'avéra plus tard que ses modelages représentaient des images diaboliques, des masques, des têtes de démons, et que son don venait simplement de Satan)

Nous vendions nos œuvres dans les fêtes artisanales et de rues, malheureusement notre chiffre d'affaire ne décollait pas, un jour nous avons fait un vide-grenier, et tout le monde voulait acheter le coffre en osier que nous utilisions pour transporter nos créations, et nous n'avons rien vendu!!!

Évidemment, notre travail coûtait plus cher que l'artisanat chinois qui commençait à envahir le marché.

Nous passions des heures à travailler, et cette activité n'était pas reconnue, de plus le matériel était quand même cher, cette première expérience fût un échec.

En même temps, mon voisin récupérait les encombrants à Bâle le matin avant de travailler, et réparait tout. Des fois les gens jetaient une télévision, juste avec un fil dessoudé, et il les revendait aux puces, le dimanche soir, quand moi je comptait mes petites pièces de monnaies, lui comptait une liasse de billets…

Mon fils Gaël pointant son nez en fin d'année, je fis une cessation d'activité pour me consacrer à lui. Pour la petite histoire, je n' ai pas eu droit à des indemnités de maternité, alors que si j'étais resté au chômage, je les aurais eu. Et oui, nous vivons dans un pays où les gens qui se battent pour ne pas être des assistés, sont vraiment abandonnés à leur triste sort.

Ma grossesse ne fût pas facile, au début on m'hospitalisa parce que j'avais une cystite, on me garda plusieurs jours et je ne comprenais pas pourquoi. On était en mai et il faisait beau, je me promenai donc dans le parc avec Richard, le médecin qui m'avait vu me le reprocha. Elle me dit: « puisque vous vous promenez, on ne va pas vous garder, de toute façon, nous ne savons pas si vous aurez réellement un enfant, peut-être ferez-vous une fausse couche (ce serait la 3 eme) car nous pensons que l'œuf est peut-être vide ». Cela arrive parfois, que le test de grossesse est positif, mais au bout du compte il n'y a rien.

Je ne fis pas de fausse couche, et l'on fit le mariage en Juin qui occasionna énormément de stress, car nous voulions tout organiser nous-même à notre convenance et en utilisant nos talents, lui, la cuisine, et moi, le reste: les faire-part avec nous en photos déguisés dans les années 1920, et toute la décoration.

Et, en juillet je fis un centre de loisirs qui m'épuisa. En fin de grossesse, je fis de la rétention d'eau et un diabète gestationnel, puis l'accouchement fût un enfer.

D'abord je fus réveillée à 3 heures du matin par des douleurs intenses. Arrivée à l'hôpital on me fit une piqûre qui calma les contractions, car elles étaient trop vives pour une toute petite ouverture du col. J'avais des frissons, puis des bouffées de chaleur, j'attendis plusieurs heures que les contractions reviennent. À 16 h on me perça la poche des eaux, à 21 h, j'avais plusieurs personnes autour de moi qui paniquaient. Le bébé avait une position frontale, mais le seul chirurgien habileté à faire l'opération n'était pas disponible. Celui-ci faisait un accouchement par le siège, et moi je voyais sur le monitoring que mon bébé souffrait, mais on me ne disait rien, ma tension chuta à 8, enfin à 22 heures, on me fit l'anesthésie pour la césarienne.

Ce bébé était magnifique, et j'avais rêvé de lui pendant la grossesse, on me l'apporta tout habillé, alors que je sortais péniblement de l'anesthésie, c'était une impression bizarre, était-il vraiment mon enfant?

L'attachement ne se fait pas de la même manière, car les premières minutes sont cruciales et décisives pour l'avenir . Quand je vois tant de médecins qui font des césariennes pour le fric, et des femmes pour soi-disant le confort çà me révolte, comment ne pas laisser la nature faire elle-même les choses, elle qui le fait si bien !!!

Les premiers émois passés, le retour à la maison fût difficile, je vécu un post-partum pénible, je ne me sentais incomprise par mon mari et mes parents, de plus nous étions en pleins travaux et préparation de déménagement.

Richard avait décidé d'acheter la part de la maison de son frère, et d'y habiter.

Nous nous retrouvâmes dans une maison en chantier, avec un jardin à faire, Ulysse rentrait avec ses pattes dégueulasses dans la maison, et je passais ma vie à faire le ménage pour que Gaël puisse jouer au sol.

Ce chien fuguait sans arrêt, dès que la fenêtre ou une porte s'ouvrait, il me rendait dingue.

Le bébé aussi, il hurlait tellement fort et je ne supportais pas ses cris, un jour je l'enfermai dans les toilettes pour ne plus l'entendre, je tapissais le couloir, et je galérais avec les angles, c'était trop pour moi .

De plus avec Richard, ce n'était pas vraiment l'harmonie, je ne lui faisais pas confiance, quand il avait du retard, j'étais rongée par l'inquiétude, je faisais des crises d'angoisses, et quand il rentrait, je lui faisais des scènes. Il faut dire qu'il avait un métier propice aux rencontres, alors que moi je me morfondais dans mon rôle de mère au foyer, en fait je ne vivais pas ce que j'avais rêvé.

Quand les travaux furent un peu avancés, j'installai mon labo-photo dans une pièce de la cave, et recommençai ma passion. Plus épanouie, j'eus très vite envie d'un deuxième enfant et comme je ne supportais pas le stérilet, je le fis ôter. Richard n'avait pas envie d'un autre enfant, mais comme il était au courant de mon rendez-vous chez le gynéco, pour moi c'était clair...

En effet, nous avions un gros problème de communication, le deuxième enfant s'annonça, et lui fût aussi dépité que moi j'étais ravie.

La grossesse se passa bien, mis à part des impatiences aux jambes qui disparurent après la naissance.

Au début de la grossesse, je changeai de gynécologue, car celui-ci décida de me programmer à nouveau une césarienne, car il décréta que mon bassin était trop étroit. La nouvelle gynécologue dit qu'il était limite, et que ce serait au moment de l'accouchement que çà se déciderait. Donc, je suis une des rares femmes qui vécurent d'abord un accouchement par césarienne, puis un accouchement normal, je peux vous dire que çà n'a rien à voir, j'en ai pleuré d'émotion tellement c'était fort. **Voici un bon conseil à vous, lectrices, refusez la césarienne, si elle n'est pas vraiment justifiée.**

Ma petite fille était magnifique!!!! (Bon, pas dans les premières heures, qu'elle était laide avec sa bosse à la tête formée par la ventouse...). Au moment de l'avoir dans ma chambre, elle me fût enlevée pour la néo-natalité car elle fût encore un ictère, ce fût encore un déchirement pour moi.

Je voulais l'allaiter, et je devais marcher un long couloir, attendre un ascenseur, descendre cet ascenseur, en reprendre un autre qui montait dans l'autre service, je longeais les murs à cause de la douleur, car j'avais subi une épisiotomie. Quand j'arrivais dans le service, il y avait le protocole de nettoyage et de mise en place des protections, puis je prenais ma fille dans la couveuse, et devais l'habiller avant de la nourrir. Il me fallait au moins 20 minutes avant d'y arriver, ma fille était rouge à force de pleurer. Je ne comprends pas qu'on n'ait pas pensé à installer des chambres pour les mamans allaitantes dans ce service, ou bien mettre ce service à proximité de la maternité ....Genre de détails à penser, n'est-ce pas messieurs les architectes et directeurs d'hôpitaux???

Le soir où j'ai eu ma montée de lait, le personnel de néo-natalité a oublié de me téléphoner, mes seins étaient comme des ballons de baudruche, et çà faisait hyper mal, j'ai dû pomper avec le tire-lait un biberon complet, et encore, continuer de me dégorger la poitrine sous la douche, au moins une demi-heure, et cela juste à cause d'un oubli...C'était plus facile de donner un biberon que d'appeler la maman au téléphone, et de patienter ...suite à çà, je pouvais tirer un biberon par jour pour les prématurés, à l'époque c'était payé, je me suis achetée un vélo avec mon lait !!!

Ma petite Mélanie était un bébé très calme, plus que son frère en tout cas. J'étais mieux rodée et plus sereine ...Bon, j'ai quand même eu droit à mon baby-blues, mais je pense que ma mésentente avec Richard avait aussi son rôle à jouer là-dedans, je fus envoyé en cure de repos en montagne, dans un endroit où il y avait une garderie pour les enfants, hélas depuis il est fermé...Je pus me refaire une santé, tout en ayant mes enfants à proximité.

Pendant ce séjour, Richard se chargea de faire piquer Ulysse, car celui-ci me provoquait des crises d'angoisse chaque fois qu'une porte s'ouvrait, il bondissait en emportant tout sur son passage, et j'imaginais mon fils emporté par ce chien dans l'escalier très raide de la cave. Puis, il courait après tout ce qui allait vite, voiture (deux fois il eut une collision sans être blessé), enfant qui court, moto, vélo, j'appréhendais un accident fatal.

Il nous resta juste Neptune la jolie chatte écaille de tortue que nous avions trouvée un jour dans une poubelle.

Mes enfants grandissaient, mais moi, je n'avais pas réglé mes problèmes avec mes vieux démons, et hélas, je transmettais mon mal-être à mes enfants, et je devenais une maman maltraitante, je ne supportais pas les pleurs, les cris, les caprices et les disputes.

Plus ils criaient, moins je supportais, et je criais sur eux, et j'allais jusqu'à les frapper, et ils criaient encore plus fort, on était entrés dans un cercle vicieux, et Richard fuyait cette ambiance dans le travail.
Nous nous disputions également beaucoup, celui-ci parlait beaucoup, mais disait des banalités, quand il s'agissait de parler des choses profondes, personnels et intimes, il n'y avait personne. Notre problème était le manque de communication. Et, il savait aussi parfois blesser, un jour il me dit: « Si tu devenais aussi grosse que ta sœur, je divorcerais »…
Spirituellement, j'étais très éloignée du Seigneur, bien que, parfois, il m'arrivât de prier, les seuls signes de Dieu que je reçus vinrent de Cédric, mon premier amour après Hadi et d'Alain, l'ami de Richard qui était avec lui quand on s'est rencontrés, et qui a été son témoin à notre mariage.

-Cédric m'envoya cette carte postale
« Agnès. Salut, que mon Dieu porte sa grâce sur toi et les tiens…Je sais que tu vas sûrement t'étonner de recevoir cette carte, et n'y aurais pas pensé, personnellement moi non, mais l'Esprit qui vit en moi, m'y pousse, la raison je ne la connais pas. Lui Seul sait. Que son amour et sa paix viennent sur toi et les tiens. »

Il y a 3 ans je recontactais Cédric, via Facebook, il me raconta qu'il fût pasteur d'une église dans le Sud-ouest de la France, mais il lâcha le ministère dégoûté par le système financier, je suppose qu'il était dans sur ce sujetle système de l'évangile de prospérité:
Le livre de Michelle d'Astier **parle sur ce sujet :** L'ÉVANGILE DE PROSPÉRITÉ, PASSEPORT POUR L'ENFER.

Il est retourné à ses anciennes addictions, alcool et drogues, et a divorcé de la mère de ses 3 enfants.
Avec du recul, je me rends compte que Dieu a gardé ce fil entre nous-deux, lui dans les années 80, pour ma conversion, et moi, maintenant, pour qu'il revienne à Dieu.

-Alain se convertit suite à un accident, où il resta dans le coma 21 jours, et reçut une guérison divine et une expérience spirituelle similaire à « la vie après la vie ». Il venait chez nous avec une voiture avec JÉSUS écrit sur sa voiture avec des lettres de 80 cm de hauteur sur les deux côtés. Il nous mettait des cassettes de chants de louange dans notre chaîne hi-fi. Il nous invita à son mariage, sans alcool et sans musique profane, nous faisions partie des moqueurs.
Quand je me convertis, j'allais le voir pour le lui dire, par contre Richard l'a quitté, car il ne supportait pas cette évangélisation insistante.

Chapitre 8 : Premier divorce et flirt avec les forces occultes

J'ai épaté un photographe professionnel avec celle-là, ben non, je ne dévoilerais pas mon secret.

Je m'ennuyais à la maison, le village était petit, et nous avions de gros soucis financiers, dès qu'il y avait de l'argent sur le compte c'était pour acheter des matériaux pour la maison. Richard faisait des extras en cuisine les week-ends (comme c'était son ancien métier), pour pallier ce manque.
Notre temps ensemble se résumait au dimanche après-midi après 16h, et souvent c'était pour aller chez ses amis, car il refusait d'aller chez les miens.
Je me sentais seule, et commençais à devenir neurasthénique. Ma fille ayant 2 ans, je me décidais à retravailler.
Au début, je commençais par la distribution de prospectus, une fois par semaine avec La poste, comme Richard était facteur, je l'aidais à ce travail supplémentaire, qui était payé à l'unité, je rajoutai une tournée au bout de quelque temps, puis trouvai un travail à temps complet, comme remplaçante dans une entreprise privée, qui distribuait des journaux gratuits et des prospectus.
Grâce à ce travail, je recommençais à vivre, je revoyais du monde, et me sentais utile, et que les finances soient meilleures, donnait plus d'harmonie dans le foyer.
Par contre le travail était très physique, j'étais pratiquement toute la journée à l'extérieur; en plaine j'emmenais mon vélo dans la remorque, par contre en montagne, je ne pouvais la faire qu'à pied.
J'avais été embauchée en septembre, donc quand l'hiver vint, les choses se corsèrent, marcher toute la journée dans des boots, et dans la neige provoquent des échauffements très douloureux, car des boots ne sont pas étudiés pour marcher longtemps, mais impossible de marcher avec les chaussures de marche quand il y a de la neige épaisse. Vu les conditions difficiles, cela faisait du bien de se

mettre au chaud dans le bureau avec mon chef de service, avec qui on rigolait bien, ainsi qu'avec Didier, un livreur.

De fil en aiguille, les parties de rigolade, se transformèrent en séances de drague, puis en flirt; ceci me mit en tête que je ne pouvais pas continuer avec Richard, si je tombe amoureuse d'un autre homme, c'est que je n'aimais plus mon mari.

Je lui en parlais, et lui demanda le divorce. Ce fût le drame, il a eu du mal à avaler la pilule, et, comme par hasard, après m'avoir négligé pendant des années, il se rendit compte que je lui plaisais. Il voulut à nouveau me conquérir. Gaël qui avait 5 ans à l'époque mangea du clafoutis aux cerises avec les noyaux, et fit une crise d'appendicite aiguë.

Il fut hospitalisé, et je demandai à mon patron un congé pour garde d'enfant malade, il me le refusa, en prétextant que les clients attendaient, et qu'il n'était pas un service social. Alors qu'il s'agissait d'un droit.

Ne sachant quoi faire, j'allais en larmes au travail de Richard, car j'avais promis à mon fils de rester avec lui.

En me garant, je provoquai un accident, tellement j'étais perturbée, Richard me dit d'aller chez le médecin qui me donna d'emblée 3 semaines pour dépression.

Didier, le livreur devint mon ami et confident. Le chef de service mit court à une relation qui mettait en péril son couple et le mien.

Pensant que mon fils avait somatisé à cause du divorce, je décidais de donner une chance à mon couple.

Mon patron menaça de me mettre à la porte, prétextant que mon arrêt-maladie ne fût pas réel, je reçus même la visite d'un inspecteur de la sécurité sociale. Je demandais, bien que Richard me l'est déconseillé, à être embauchée par La poste comme remplaçante pour les congés d'été.

Après ma démission, je poursuivis mon patron aux prud'hommes, car il manquait beaucoup d'argent à mon solde de tout compte. Je leur racontais ma mésaventure avec cette entreprise et je gagnais mon procès.

À la Poste, le travail était très dur. Un jour, j'appelai Richard à la rescousse pour terminer une tournée, j'avais beaucoup de mal, la cadence était infernale. Quand je commençai à connaître une tournée, on m'en changeai. *En trois mois, j'ai fait du vélo, de la voiture avec les colis, puis demandais à travailler à la distribution des télégrammes en scooter, je faisais également du tri et de l'oblitération.

À la fin des 3 mois, je décidais de faire une formation pour revenir à mon premier amour, la photo.

À proximité, il y avait une école de commerce, et j'essayais d'entrer dans la section « chef de rayon photo-vidéo ».

Enfin, je réalisais mon rêve. Pendant dix mois, je m'épanouissais enfin, je me faisais plusieurs amis car nous avions des goûts communs. Je prenais mon pied avec les cours de photos, et je me perfectionnais vitesse grand V, je pouvais venir prendre mes enfants au studio, et je réalisai des clichés dignes d'un pro.

Je faisais deux stages pratiques, le premier de 3 semaines chez un photographe traditionnel, le deuxième dans le secteur décoration d'une grande surface, et qui réalisait son catalogue, et ses affiches, j'ai appris à faire des photos publicitaires, j'ai fini ma formation avec succès, et avec un diplôme niveau bac +2.

Moi la petite looser qui avait quitté le lycée, un an avant le bac.

Et, je réalisais mon rêve, faire de ma passion, mon métier.

J'avais enfin prouvé à mes parents, et au reste de la famille et à moi-même, que je n'étais pas si stupide, et que je pouvais aussi réussir. Bon, on m'avait aussi beaucoup aidé, et un peu triché à deux épreuves, l'informatique et la vidéo, mais ce qui m'a sauvé c'est la rédaction de mon deuxième rapport de stage.
J'avais pendant toutes ces années eut ce besoin de reconnaissance, j'avais tant souffert de ce manque.

Plus tard, je compris que cela ne servait à rien de se battre pour être reconnu par le Père céleste, qu'il nous aime et nous accepte tel que nous sommes. Et pas besoin de tricher, Il nous connaît par cœur.
Quand on fait les choses pour plaire à Dieu, on n'a pas besoin de reconnaissance de sa part, il s'agit de maturité. Ce que font d'ailleurs beaucoup de chrétiens, dans le monde catholique, et musulmans, croyant gagner le Salut par les œuvres.
Il faut savoir dépasser ce besoin de reconnaissance pour servir Dieu, c'est une bonne chose, mais cela ne doit pas être notre moteur.
Éphésiens 2:
...7afin de montrer dans les siècles à venir l'infinie richesse de sa grâce par sa bonté envers nous en Jésus-Christ. 8Car c'est par la grâce que vous êtes sauvés, par le moyen de la foi. Et cela ne vient pas de vous, c'est le don de Dieu. 9Ce n'est point par les œuvres, afin que personne ne se glorifie....

Pendant, cette formation ma meilleure amie Madeleine rechuta de son cancer, et je vis en Juin la mort sur son visage.

Dans mon couple, cela allait mieux, je devais être plus supportable, car enfin, j'étais épanouie.
Mais, Richard était jaloux de cet épanouissement, et le supportait mal.
Nous ne parlions plus de divorce, et j'étais à nouveau dans l'espérance.
En septembre, la formation était finie, et je cherchai du travail. En novembre et décembre je travaillais à la Fnac comme vendeuse au rayon photo-vidéo, et espérais être embauchée ensuite, mais comme la Fnac de Belfort était en travaux, ils devaient replacer le personnel dans les autres Fnac.
Début décembre, Madeleine nous quitta, et je ne pus aller à son enterrement à cause du travail, Richard m'a dit qu'il y avait eu énormément de monde. Elle laissa un mari alcoolique, et quatre adolescents. Elle avait porté à bout de bras cette famille, et ce mari malade, et insupportable. Quand elle avait eu son premier cancer, il était en période de sevrage, et au lieu d'être un mari attentif et dévoué, il rechuta dans son alcoolisme au moment où elle fût amputée d'un sein.
La situation devenait de pire en pire, quand nous rendions visite à Madeleine, il faisait sa crise de jalousie, comme un enfant, et un jour nous mîmes dehors, car non seulement, il était alcoolique, mais aussi pervers-narcissique.

Je le dis aujourd'hui et je l'affirme, c'est lui qui l'a tuée à petit feu, par son comportement égoïste.
J'ai connu plusieurs personnes qui ont développé un cancer, après avoir vécu une relation toxique.

A Noël, nous avons reçu la visite d'un couple d'amis de Richard avec leurs deux enfants, pendant plusieurs jours. C'était une mère maltraitante, autant moi je tapais mes enfants, quand j'étais excédée, et pour les corriger quand ils avaient fait une bêtise.

Elle, n'avait pas d'empathie pour ses enfants, elle éprouvait même un certain plaisir. J'étais choquée.

D'ailleurs, les enfants étaient vraiment dans la souffrance. Un soir, je rentrais du travail, les enfants étaient seuls dans le noir, les volets n'avaient pas été fermés. Monsieur faisait la sieste dans la chambre, et Madame était sortie avec Richard.

Je ne saurais jamais ce qui c'est passé ce jour-là, mais en tout cas dès qu'ils furent partis après les fêtes, Richard remis le divorce sur le tapis.

Je lui demandais d'attendre au moins que j'aie un travail.

En mars, je fis mon voyage en Thaïlande, un voyage que j'avais gagné grâce à une amie qui faisait des thèmes astraux, et qui avait vu que j'étais dans une période faste. Il fut un enchantement, et je vis un pays magnifique et rempli de contrastes, ce qui était incroyable avec la philosophie bouddhiste et le karma, c'est que l'on voyait des taudis à coté de maisons très luxueuses. Notre guide nous déclara: « Bouddha a dit: « Je ne te +demande pas de me croire, mais de suivre ta propre voie » ».

Jésus est le seul à affirmer: *Je suis le chemin, la vérité, et la vie*
Jean 14:
*5Thomas lui dit: Seigneur, nous ne savons où tu vas; comment pouvons-nous en savoir le chemin? 6Jésus lui dit: **Je suis le chemin, la vérité, et la vie.** Nul ne vient au Père que par moi. 7Si vous me connaissiez, vous connaîtriez aussi mon Père. Et dès maintenant vous le connaissez, et vous l'avez vu....*

J'ai faits une quantité de photos incroyable, la pellicule contenait 36 poses, et j'en ai faits au moins 35 pellicules, je ne les aies pas toutes tirées évidement, seulement les meilleures. Évidemment à l'ère de l'argentique, c'était énorme.

Maintenant, quand je vois des gens faire sans arrêt des photos, et des selfies, je trouve ç ridicule, et inutile. La magie a disparue.

Je vous partagerais dans le tome 2 mes préférées, certaines ont été exposées, ainsi que certains poèmes écrits en blanc sur un fond noir, et j'ai appelé l'exposition: « REGARDS DE FEMMES ».

33

Mon moral bien remonté après ce voyage, je me présentais à nouveau pour du travail.
Dans l'urgence d'en trouver pour concrétiser notre séparation, je cherchais n'importe quoi, dans la
région, je mis entre parenthèses ma passion pour la photo, car je ne voulais pas éloigner mes
enfants de leur père.

C'est comme cela que je me présentai chez Aldo, un vrai Alsacien avec un nom Italien, mais qu'il
portait bien…
Aldo était horticulteur, spécialiste en orchidées, et faisait des floralies dans toute la France.

**Quand on observe une de ces fleurs, on voit toute la grandeur de Dieu, tellement cette
réalisation est parfaite.**

**On dit: « il faut avoir une sacrée foi pour être athée », car en regardant l'univers, de chacune
des étoiles, à la moindre petite molécule d'une de ces superbes fleurs, comment ne pas
imaginer un créateur merveilleux à tout cela. Quand on étudie par exemple la théorie du
nombre d'or, on se dit, ce n'est pas possible que ce soit simplement le hasard qui soit à
l'origine de tout cela. D'ailleurs, beaucoup de scientifiques se tournent vers la Foi en un
mystérieux architecte. Et, comme tous les hommes avides de pouvoir et de se faire une place
dans le monde, que ce soit dans les affaires ou la politique. Hélas, parfois ils se tournent vers
un mauvais Dieu et tombent dans des doctrines démoniaques qui
les mènent dans un chemin de la perdition, mais ils s'en rendent compte souvent trop tard.
Seul Jésus peut les en sortir. Ceux qui ont choisi leur camp, en connaissance de cause ont
choisi de détruire tout simplement le monde.**

En ce qui me concerne, à l'époque, j'étais loin de tout cela, je vivais l'instant présent, et allais voir
des voyantes, et me faisais soigner par un magnétiseur. Avec des amies qui pratiquaient dans
l'occultisme, je
perdais peu à peu la notion du bien et du mal.
Mon ami de l'époque, Didier, le livreur devint mon amant, mais cette relation ne me convenait pas.
Ma séparation était trop proche, je n'étais pas prête pour une nouvelle histoire. Nous aurions mieux
fait de rester bons amis. Nous nous étions donné un rendez-vous au bord du Rhin, il avait quelque
chose à me dire, et moi aussi.
Il m'annonça qu'il voulait se séparer de sa femme, parce qu'il était amoureux de moi. Je lui
répondis que pour ma part, notre aventure était terminée, je le vis partir dépité avec sa camionnette.
Je le suivais du regard, honteuse d'avoir été à l'origine du déchirement d'une famille. Mais, ceci ne
m'empêcha pas de continuer dans cette voie tortueuse.
Travaillant pour Aldo, je découvris les marchés, en effet, il cultivait des orchidées pour une
clientèle particulière, les passionnés comme lui.
Ce n'était pas suffisant pour faire vivre deux familles, la sienne et la mienne.

Il exploitait donc également des plantes de jardins, et nous les vendions sur les marchés, des marchés hebdomadaires, mais aussi des marchés ponctuels, le dimanche et nous allions parfois loin. Aldo était charmant, et me transmettait sa passion des fleurs.

Il avait une femme très gentille, et deux enfants, dont un ado, ainsi qu'un magnifique beauceron très affectueux.

Je me sentais très bien dans ce cadre, à m'occuper de ces fleurs, plus belles les unes que les autres, je revivais au contact de la terre, et en oubliai tous mes soucis, liés au divorce.

Dans sa serre chaude, il avait des centaines d'espèces différentes d'orchidées, ce qui n'est pas grand-chose à coté des 50000 existantes et plus dans le monde (chaque jour de nouvelles espèces disparaissent, à cause de la déforestation intensive).

Et pourtant, quelle féerie déjà, je n'ai jamais travaillé dans un endroit aussi agréable. Dans le commerce, on ne trouvait que des cymbidium, et des phalaenopsis.

Imposé par le marché Hollandais qui détient le monopole de la fleur, et impose donc les espèces les plus faciles à cultiver.

Le cymbidium est une orchidée de serre froide, et Aldo en avait des potées énormes, cette fleur a la particularité de fleurir quand elle a eu froid. Le fait de souffrir, donne à cette plante l'instinct de survie en créant sa floraison, qui est les prémisses avant le fruit et la graine.

Si on transpose cette image de manière spirituelle, Dieu permet que nous souffrions pour préparer notre ministère.

A cette époque , une seule fleur vendue dans une petite boite, coûtait au moins 20 Francs (3 euros) cette orchidée tient jusqu'à 3 semaines dans un vase, et 3 mois dans le pot en hiver.

Le phalenopsis, ou orchidée papillon, lui, préfère la chaleur, il est tellement courant, que les gens ne connaissent que lui, et l'appelle l'orchidée. En effet, ils sont dans l'ignorance des milliers d'autres espèces existantes, et ceci est un méfait de la culture intensive. Hélas, les orchidées n'en sont qu'un triste exemple, il y en a tant d'autres…En tout cas, moi j'avais la chance de découvrir, d'autres merveilles, comme les vandas, quoi que j'en avais déjà vu en Thailande, les catleyas, les oncidiums et autres Paphiopedilum (ou sabots de Venus) ,etc…

Une complicité naquit très vite entre moi et mon patron.

Celui-ci me posait des questions sur ma vie privée et mon couple, et j'éludais ce sujet. Mais quand, je lui demandai un congé pour mon déménagement, je dus lui avouer que j'allais divorcer.

Un jour, nous préparions du terreau, nous mélangions l'engrais avec le terreau avec nos mains, et ensuite nous remplissions les bacs de semis. Nous étions face à face.

Nos mains se croisèrent dans la terre, et nos doigts n'arrivèrent pas à se séparer, nos regards n'arrivaient pas à se détacher l'un de l'autre. L'attirance mutuelle était palpable.

Aldo devint mon amant, et cette liaison dura plus d'un an. Je souffrais terriblement de jalousie, envers sa femme. Lui, la retrouvait le soir, moi je retrouvais ma solitude et mon chagrin. On pense, souvent à la femme trompée, et on la plaint.

La maîtresse est la « salope » de service, qui vole le mari d'une autre. Mais, vivre une histoire, insoluble, être la troisième roue du carrosse, est loin d'être agréable. J'étais malheureuse, amoureuse d'un homme qui ne sera jamais le mien. Et, lui ne me donnait que des miettes, tout en me

faisant comprendre qu'il ne quittera jamais sa femme.
Mes visites chez les voyantes s'amplifièrent, voulant une réponse à cette situation sans issue.
L'une d'elles me dit que ma relation avec Aldo n'aboutirait à rien. Elle me prédit que j'allais créer une entreprise, que j'allais rencontrer un homme bien avec deux enfants.
Mes enfants, évidemment n'étaient pas au courant de
ce que je vivais, je les préservais de mes frasques.

Les week-ends où je n'avais pas les enfants, nous allions en boîte de nuit avec mon amie Josepha, celle-ci avait divorcé en même temps que moi.
Les autres week-ends, nous allions nous promener avec les enfants et Josepha. Celle-ci avait jeté son dévolu sur eux, je compris quelques années après pourquoi.
Elle les gâtait, et voulait toujours sortir avec nous. C'était lourd pour moi, j'avais envie de partager mon temps libre , avec mes autres amis, et ma famille. Quand je discutais avec son ex-mari, et que nous parlions de Richard, il me confiait sa haine contre lui, et le traitait d'hypocrite. Un jour, nous nous disputâmes avec Josepha pour une raison anodine, ce qui aboutit une brouille définitive.
Mes enfants ne comprenaient pas pourquoi, nous ne la voyons plus.

Quelques années après ma conversion, je la rencontrais dans la rue. Je sortais d'une réunion sur le « Pardon ». Je lui confiai mon enthousiasme d'avoir rencontré Jésus, et lui parlais du Pardon, et de son effet libérateur.
Elle me confia, que l'occasion était la bonne, car elle avait quelque chose à se faire pardonner.
La dispute que nous avions eue n'était que le prétexte pour arrêter une relation qui l'avait mis mal à l'aise, en augmentant avec le temps. En effet, celle-ci avait été la maîtresse de Richard, mais celui-ci l'avait rejeté.
Et, ceci provoqua la destruction de nos deux couples.
Étant amoureuse de lui, et ne pouvant pas avoir d'enfant, elle fit un transfert sur les miens.
De plus, ayant été moi-même la maîtresse d'un homme marié, je pouvais comprendre sa situation.
Après le message donné, je devais mettre de suite en action, ce que je venais d'apprendre. Je lui pardonnais.

2 Corinthiens 2:
5 Si quelqu'un a été une cause de tristesse, ce n'est pas moi qu'il a attristé, c'est vous tous, du moins dans une certaine mesure, pour ne rien exagérer. 6 Le blâme qui lui a été infligé par la majorité d'entre vous est suffisant pour cet homme. 7 Maintenant, au contraire, vous devez plutôt lui pardonner et l'encourager, de peur qu'il ne soit accablé par une tristesse excessive. 8 Je vous engage donc à faire preuve d'amour envers lui, 9 car je vous ai aussi écrit dans le but de savoir, en vous mettant à l'épreuve, si vous êtes obéissants à tout point de vue. 10 Or à qui vous pardonnez, je pardonne aussi; et si j'ai pardonné quelque chose à quelqu'un, je l'ai fait à cause de vous, en présence de Christ, 11 afin de ne pas laisser à Satan l'avantage sur nous, car nous n'ignorons pas ses intentions.

Je ne sais pas ce qu'elle est devenue, j'espère qu'elle a vraiment rencontré Dieu, après cette

expérience.

Au travail, malgré tous nos efforts, le chiffre d'affaires ne décollait pas.

En automne et en hiver, nous faisions des floralies, et fabriquer les décors me plaisait énormément, je développais un don inné pour la décoration florale. Parfois nous faisions aussi des bouquets. Je livrais aussi les fleuristes, et j'allais loin parfois. Ce travail me réjouissait vraiment beaucoup.

Voyager, rencontrer des nouvelles personnes, c'était ce qui me faisait oublier ma situation sentimentale compliquée, d'autant plus que, parfois nous étions ensemble.

Hélas, cette activité occasionnait beaucoup de frais, et Aldo n'arrivait pas à se dégager un salaire pour lui.

Les Hollandais et leur marché mondial, étaient une concurrence trop importante. Nous sommes une fois allés là-bas, et nous avons dormi dans la serre chaude d'un de ses amis, parmi les fleurs, c'était fabuleux. Arrivé chez le grossiste, nous sommes rentré dans une de ces mégas-serres. On voyait des orchidées à perte de vue. Celles-ci reçoivent de grosses quantités d'engrais, de la lumière nuit et jour, et beaucoup de chaleur. Ayant une croissance rapide, avec un travail à la chaîne, un terreau de mauvaise qualité, de l'arrosage automatique, ces fleurs n'avaient aucun point commun avec les nôtres. Celles-ci sont condamnées à une mort rapide, dans nos appartements sombres, et froid la nuit. Mais, l'important pour ces multinationales de la fleur, c'est le rendement, et la vente fréquente. Les collectionneurs qui bichonnent leurs bébés ne les intéressent pas, les plantes sont devenus des produits jetables.

Un lundi, en venant au travail, je découvris Aldo dans sa serre chaude.

Il avait réalisé pendant le week-end, un grand nettoyage par le vide. Des quantités incroyables de merveilles avaient disparus, nous étions dépitées, sa femme et moi.

Quelle désolation, cette serre presque vide!!! Le marché hollandais ayant eu raison de notre moyen de vivre, il avait décidé de faire la place pour une autre sorte de culture. Il décida de se mettre à cultiver des vivaces, cette serre servirait pour activer les semis en hiver. Les plantations se firent dans des serres tonneaux, qu'il fabriqua ensuite, et ce, de plus en plus. Ceci eut pour conséquence, plus de travail physique et courbés au ras du sol.

Le marché quotidien avec une grande camionnette, au lieu du petit utilitaire. Il fallait décharger au marché, servir les clients en se baissant. Recharger, à la fin du marché, décharger à la maison pour compléter les caisses et arroser les plantes.

Dans ce domaine-là, il proposait des espèces inconnues du public, comme les ancolies et les[i] hibiscus moscheutos, par exemple. Et, j'apprenais vite et j'étais une bonne vendeuse.

J'aimais faire les semis, et le repiquage. Quand les semis sont assez grand on éclaircit, c'est-à-dire qu'on enlève une partie des petites plantes (à ce stade, elles font environ 1 cm de haut), afin de donner de la place pour les autres. Quand celles-ci sont assez grandes (environ 3 cm), on les enlève délicatement avec un cure dent, pour ne pas abîmer les racines, et on les plante dans des plaques alvéolées . Puis quand la plante est assez grande (environ 5 cm), la petite plante est repiquée dans un petit pot carré de 10cm de larges. Puis quand les racines sont assez fournies, les pots carrés sont rempotés dans des pots ronds de diamètre différent, suivant l'espèce de la plante.

Pour avoir une jolie plante, il y a beaucoup de sélection, à chaque étape, les semis malingres sont éliminés, au fur et à mesure. Le meilleur terreau est choisi, les soins, la chaleur, la lumière, l'engrais, l'arrosage sont méticuleux. C'est tout un art, qui demande beaucoup de patience.
Jésus a voulu illustrer, avec une parabole le même travail de la graine de la Parole semé dans nos cœurs.
Quelle illustration parlante!!!!

Matthieu 13:
Un semeur sortit pour semer. 4 Comme il semait, une partie de la semence tomba le long du chemin : les oiseaux vinrent, et la mangèrent.5 Une autre partie tomba dans les endroits pierreux, où elle n'avait pas beaucoup de terre : elle leva aussitôt, parce qu'elle ne trouva pas un sol profond; 6 mais, quand le soleil parut, elle fut brûlée et sécha, faute de racines. 7 Une autre partie tomba parmi les épines : les épines montèrent, et l'étouffèrent. 8 Une autre partie tomba dans la bonne terre : elle donna du fruit, un grain cent, un autre soixante, un autre trente. 9 Que celui qui a des oreilles pour entendre entende....
18 Vous donc, écoutez ce que signifie la parabole du semeur. 19 Lorsqu'un homme écoute la parole du royaume et ne la comprend pas, le malin vient et enlève ce qui a été semé dans son cœur : cet homme est celui qui a reçu la semence le long du chemin. 20 Celui qui a reçu la semence dans les endroits pierreux, c'est celui qui entend la parole et la reçoit aussitôt avec joie; 21 mais il n'a pas de racines en lui-même, il manque de persistance, et, dès que survient une tribulation ou une persécution à cause de la parole, il y trouve une occasion de chute. 22 Celui qui a reçu la semence parmi les épines, c'est celui qui entend la parole, mais en qui les soucis du siècle et la séduction des richesses étouffent cette parole, et la rendent infructueuse. 23 Celui qui a reçu la semence dans la bonne terre, c'est celui qui entend la parole et la comprend; il porte du fruit, et un grain en donne cent, un autre soixante, un autre trente.

Sur les marchés, j'avais les bons arguments de vente, puisque j'avais participé à la culture de ces beautés.
J'aimais discuter avec les personnes âgées, j'étais leur confidente. Les papis me disaient gentiment: « Ah, voilà une fleur parmi les fleurs ». Été comme hiver, je devais supporter les caprices de la météo.

Avec ma peau claire, j'étais sujette aux coups de soleil, et aux coups de chaleur. En hiver, j'attrapais des bronchites.

Les conditions au travail devenant de plus en plus pénible, mes douleurs devenaient de plus en plus intenses. Un jour, me voyant pleurer tellement la souffrance était insupportable, Aldo me dit: « Je ne pense pas que ce soit une bonne chose de te garder et de te voir t'abîmer ainsi! ». Nous eûmes ensuite une discussion, il me dit que la deuxième année d'embauche allant finir, il n'aurait plus l'exonération des charges salariales. Et, que même, si çà allait mieux au niveau finances, ce n'était pas encore çà pour lui, ayant dû investir pour les nouvelles serres. J'allais voir la médecine du travail qui me mit inapte. Je fus licenciée. Je rompis également notre relation, car j'en souffrais trop.

Je rencontrai sa femme quelques années plus tard, elle me dit qu'ils avaient divorcé.
Puis lui, également qui m'avoua m'avoir aimé. Je lui dis que j'avais tourné la page et avais rencontré Jésus.

Même si j'avais compris certaines choses, hélas, je n'avais pas fait les bons choix, car il me manquait quelque chose dans ma vie. Hélas, le chapitre suivant montre que ce n'était que le début de ma déchéance.

Souvent , les clients incriminent les remplaçants des facteurs, mais je peux vous dire que ce travail, est très difficile, car les facteurs doivent tenir un cahier de tournée, où tout changement doit être signalé, les boîtes aux lettres inaccessibles, les noms qui manquent, etc…Et, ce cahier est rarement mis à jour!!!

Chapitre 9: Descente en Enfer

J'aurais pu appeler également ce chapitre « Sol y Luna », (qui veut dire en Espagnol, soleil et lune, quand on sait qu'il s'agit de faux dieux très puissants, on peut comprendre la suite de cette aventure, d'autant plus que je continuais dans cette période à pratiquer des œuvres occultes, je compris plus tard que tout ce vécu dans ce chapitre avait été provoqué implicitement par la vision de la voyante, mais pas avec l'issue annoncée, car Dieu avait un autre plan pour moi, mais je devais d'abord passer par le brisement) le nom de ma deuxième entreprise, et celle qui m'entraîna dans le malheur.

Mon moteur à l'époque fût les livres de Martin Gray, ce Juif qui a écrit son livre:
« Au nom de tous les miens », livre où il raconte qu'après avoir vécu le ghetto de Varsovie, et les camps de concentration, et la perte de sa famille, il a reconstruit sa vie en devenant un homme d'affaires aux États-Unis, puis a reperdu sa femme et ses enfants dans un incendie dans le Sud de la France, et dû à nouveau tout reconstruire et a écrit plusieurs livres de reconstruction personnelle, ainsi qu'une fondation:

« Très souvent il faut choisir, mais jamais subir! »
« Les géants voient des occasions là où d'autres voient des difficultés »

« vivre c'est créer son monde, trouver sa paix, et , pour chacun elle est différente .
Elle peut surgir du
malheur, si on sait la dépasser. Chacun peut l'atteindre. Mais , il faut créer des liens avec les
autres.
Famille ou groupe, lien de la voix et de la pensée, peu importe.
Mais il faut ces liens. Il n'y pas de plénitude si l'on est un arbre solitaire.
C'est la forêt qui donne son sens à l'arbre et c'est elle qui le rend vigoureux. Car vivre c'est être
dans le monde avec joie, et c'est vouloir cette joie, la maintenir, refuser de se laisser envahir par
les herbes grises de la tristesse, vivre c'est s'engager à agir, vivre c'est être soi, c'est résister et
aimer, accepter et refuser, vivre, c'est créer »

A cette époque, je décidais de suivre ce principe de S.Ginger:
« L'important ce n'est pas ce que l'on a fait de toi,
mais ce que tu fais toi-même de ce que l'on a fait de toi ».
Enfin, c'était une tentative, car la suite prouve que l'on n'est pas maître de son destin.

Me retrouvant au chômage et ayant rompu avec Aldo, je montais mon dossier d'aide à la création d'entreprise pour « Sol y Luna ». Il s'agissait de vendre sur les marchés, foires et expositions artisanales, de l'artisanat du Chili, j'avais reçu l'adresse de l'association: « artisans du monde », qui cessaient leur activité sur ma ville. C'était du commerce équitable.

Première mauvaise nouvelle: je montrai mon dossier à la direction du travail le jeudi, jour de dépôt des dossiers et que l'on me dit qu'il passera. Le samedi suivant j'allais à la banque faire mon prêt de 50000 francs, condition pour que mon dossier passe pour obtenir les 14000 francs d'aide à la création d'entreprise. Je revins le jeudi suivant pour poser mon dossier, et là j'appris qu'une loi rétroactive est mis en vigueur, et que tous les chômeurs de moins de 6 mois n'y avaient pas droit, seulement ceux de plus de 6 mois.

Je fulminai, et d'ailleurs je n'étais pas la seule, et à la direction du travail, ils n'étaient même pas informés !!! C'est quoi ce pays où l'on n'aide pas ceux qui ne veulent pas être des assistés? J'écris des courriers à tous les niveaux jusqu'au Président de la République, Jacques Chirac!!! Je ne reçus aucune réponse, ou « adressez-vous à … ».

Ensuite, grosse erreur de stratégie commerciale, j'investis mes 50 000 euros d'un coup dans la marchandise, sans penser à mettre de l'argent de coté pour racheter des produits qui se vendent mieux.

Puis, je rencontra un homme qui se faisait appeler : « Johnny », car fan d' Hallyday, alors que moi,non . Il n'était pas beau du tout, et je n'étais pas amoureuse non plus, il était un sacré bonimenteur, et comme il avait deux enfants, comme la voyante m'avait prédit, je fonçai.

Il me promit de m'emmener sur les meilleurs marchés, et que je « casserais la baraque » .

Sauf que, lui vendait de la brocante et des copies d'anciens, et moi avec mon artisanat, je ne pouvais rien vendre sur ces marchés-là.

Je tentai ma chance au marché de Noël, et lui, ouvrit une boutique. Résultat, je rentrai juste dans mes frais, après avoir travaillé non stop pendant presque deux mois, avec une grosse bronchite, que je n'ai pas soignée, et qui se transforma en bronchite chronique par la suite.

Lui, ferma sa boutique six mois après.

Cet homme était un rustre, il me faisait peur, mais j'étais sous son emprise. Sa mère téléphona au milieu de la nuit pour me dire de le laisser partir retrouver sa femme, je lui dis que c'est lui qui ne voulait pas revenir. Sa femme était une handicapée mentale, il se sentait coupable, et quand çà tournait au vinaigre avec moi, il retournait chez elle.

Avec mes enfants, cela se passait mal. Sur les marchés j'étais son faire-valoir, je ne déballais même plus ma marchandise sur certains. Par contre lui, avait une bonne vendeuse gratuite. Et, quand cela ne marchait pas, il passait ses nerfs sur moi. Je prenais de plus en plus d'anxiolytiques pour oublier le cauchemar que je vivais. Je me rappelle d'un retour de marché dans le Sud, où nous nous étions blotties l'une contre l'autre avec ma fille à l'arrière du camion. J'étais dans la terreur, et je travaillais énormément, en allant au dessus de mes forces physiques. Lui, prenait des amphétamines pour tenir le coup, il me l'avoua après avoir fait un genre de crises d'épilepsie, où il tombait et ne réagissait plus.

Au printemps, nous fîmes un salon de l'habitât qui nous coûta très cher, il avait investi dans un gros stock de copies d'anciens. Impossible de quitter le lieu de travail, mon frère Gérard décéda brutalement, je ne pouvais pas aller à la cérémonie d'adieux. Mon frère étant mort sur son lieu de travail, il y a eu une autopsie, l'incinération a eu lieu un mois plus tard. Ma belle-sœur vexée que je n'ai pas pu venir à la cérémonie m'interdit cette crémation prétextant que c'était réservé à la famille proche !!! Depuis, je n'ai pas revu mes neveux, ni connu mes petits-neveux.

Avec Richard, cela allait mal également: un jour parce que nous avions 20 minutes de retard, (il n'y avait pas encore le téléphone mobile), pour récupérer les enfants le dimanche soir, il est allé à la police.

Je bataillais contre lui pour une augmentation de la pension alimentaire, chaque fois que je recevais une lettre de son avocat, je pleurais car c'était un procès d'intention. Il alla jusqu'à me reprocher d'avoir pris l'argent sur les livrets d'épargne des enfants, alors que je l'avais fait pour subvenir à leurs besoins présents, puisqu'il ne voulait pas y remédier. J'ai dû prouver que cet argent ne venait que de moi et de mes parents.

Je louai un emplacement pour le printemps et l'été dans un garage, dans un village très touristique, mais la saison commençait mal. Les gens n'étaient pas sensibles au commerce équitable et préféraient acheter des objets fabriqués dans des pays comme la Chine ou Taïwan. De plus, j'étais en rupture de stock sur les articles qui se vendaient bien, et je n'avais plus de trésorerie.

Le chiffre d'affaires couvrait tout juste les frais, et j'étais de plus en plus déprimée, Johnny était de plus en plus absent, je me sentais abandonnée, j'étais surendettée, je ne voyais pas d'issue….Je fis l'irréparable, et avalais une boîte de comprimés, et j'atterris à l'hôpital après avoir prévenu une amie qui me le reprochât longtemps ensuite….Mes enfants furent placés provisoirement chez leur père…Johnny vint me rendre visite à l'hôpital, mais au lieu de réconfort, j'essuyai des reproches… Je n'en pouvais plus, mon rêve s'était écroulé, pourtant la voyante m'avait promis que tout irait bien…Pendant cette période, je reçus la réponse du tribunal au sujet de ma demande d'augmentation de la pension alimentaire, elle avait été accordée, donc Richard demanda la garde définitive des enfants. Celle-ci lui fût accordée,et une enquête sociale commença.

L'enquêtrice me dit que si je voulais récupérer mes enfants, je devais tout faire pour garder mon appartement…Pour la société, le bien-être des enfants se résume au confort matériel, j'étais déchirée…
Je dus avouer à mes parents dans quelle situation je me retrouvais, et pourquoi j'en étais arrivée là….Ceux-ci me promettaient de m'aider financièrement, à deux conditions, c'était d'arrêter cette entreprise et rompre ma relation avec Johnny…

Ce que je fis, mon entreprise ayant moins d'un an je repris mes droits au chômage. Et, je cherchais activement un travail. Nous arrivions en hiver…Je liquidai mon stock sur des marchés de Noël, en me mettant sous couvert d'une association où j'étais bénévole…J'y rencontrai Daniel, artiste peintre, ses œuvres étaient noires et tristes, je fus fascinée, il me consola de ma situation, mais il s'avéra que sa deuxième passion était de faire des thèmes astraux, il me prédit une belle rencontre.
(Je compris plus tard, qu'il s'agissait de Jésus, mais lui, il ne le savait pas)
Nous couchions ensemble, mais il était addict à la pornographie, et cette relation était malsaine, et en plus je me rendis compte qu'il était encore attaché à son ex.
Celui-ci rompit avec moi une semaine après le décès de ma mère…

2 eme partie
Nouvelle vie

Chapitre 10: Révélation et nouvelle naissance

SONGE FAIT AVANT MA CONVERSION

« Avec mes enfants, nous montons une montagne aride, des avions qui envoient des bombes nous passent au-dessus, arrivés avec difficulté en haut du sommet, nous descendons dans la vallée verte, et nous trouvons en bas une espèce de bungalow pour nous mettre à l'abri, mais la paix envahit le lieu, et nous pouvons rester à l'extérieur, car il n'y a plus de menaces. »

Après ma conversion, j'interprétai ce songe comme la grâce qui est venue dans notre vie. Je fis cette aquarelle.

La grâce

Début janvier 1997 ma mère a fait un AVC, j'allais la voir à l'hôpital .

Elle était allongée sur son lit, et complètement paralysée, elle ne pouvait pas parler, je lui dis des banalités, histoire d'effacer cette angoisse de la voir dans cet état. Elle dirigea son regard vers la bouteille accrochée au-dessus d'elle et fit une grimace, et cela me rappela ce qui s'était passé quelques mois auparavant. En effet, elle avait vécu lors d'un de ses malaises (coma diabétique, ou allergie à l'iode lors d'une de ses multiples amputations de la jambe) ce qu'on appelle « la vie après la vie ». Elle avait vécu le bien-être, le tunnel, et la lumière, elle avait vu des membres de sa famille, et nous avait dit que si elle avait de nouveau un tel malaise, que l'on ne fasse pas d'acharnement thérapeutique. Elle avait été si bien lors de cette expérience, alors que sa vie terrestre n'était que souffrance. Entre la chaise roulante, et les douleurs fantômes de sa jambe amputée à cause du diabète, et la prothèse qu'elle ne supportait pas. Je sortis de la chambre bouleversée, et voilà que je devais aller voir mon père qui avait été hospitalisé le jour même, car en état de choc. Il faut dire que son cœur travaillait avec 25% de ses capacités, mais celui-ci tenait bon , car il ne voulait pas laisser ma mère seule avec son handicap: la force de l'Amour.

Je me disais: « que vais-je lui dire? Et ma mère quoi faire? »

Dans le couloir, je passai à coté d'une chapelle, et y entrai: ma prière fut: « Dieu si tu existes, viens chercher ma mère, ne la laisses pas dans cet état. »

Une paix m'envahit.

Je montai à l'étage voir mon père, je n'osai pas lui dire qu'il n'y a plus de projets à faire, il me dit encore « je ne comprends pas pourquoi, ils ne me laissent pas aller la voir », je ne savais pas quoi lui répondre.

Trois jours après , ils les laissèrent aller la voir, et là, il comprit que c'était la fin et lui dit « au revoir », et puis elle s'est éteint.

J'ai compris que j'avais eu la réponse à ma prière, Dieu attendit que le service hospitalier cède à la demande de mon père suite à son insistance.

Les forces occultes s'éloignèrent de moi, ainsi que leurs serviteurs, et de l'autre côté Dieu avait préparé le chemin, je pense, suite aux prières de mes parents et d'autres personnes.

Un conseiller de Pôle emploi me glissa un flyer d'évangélisation en dessous de table, un autre jour, j'étais à une table, et beaucoup de gens étaient autour de moi, deux personnes vinrent vers moi, et me donnèrent également un flyer.

Plus je me rapprochais de Dieu, plus j'avais de signes.

Mon père alla ensuite dans une maison de repos, il était détendu quand j'allais le voir, et me confia qu'il n'avait plus rien à faire sur cette terre, qu'il avait hâte de la rejoindre. Il fut à nouveau hospitalisé, je vins le voir, nous plaisantions, puis la nuit tomba: « vas-y , rentre je n'aime pas que tu roules la nuit », ce fit ses dernières paroles pour moi, je les pris ensuite comme une parole prophétique: « vas dans la lumière ».

En effet, comme dit mon amie : « Une fleur se tourne toujours la lumière!!! ».

Quelques jours plus tard, je croisai une ancienne amie que j'avais connu dans la période mouvementée de ma jeunesse. Elle me demanda comment j'allais, je lui répondis en larmes, « je viens de perdre mes parents à 40 jours d'intervalle, je n'ai pas de travail, pas d'argent, mes enfants sont chez leur père, tout va mal », elle me répondit, « c'est peut-être le moment de rencontrer Jésus? », je lui répondis : « oui, j'ai prié » .

Le mardi suivant, elle m'emmena dans la même église où j'avais été 15 ans plus tôt, et où je m'étais dit: « ce sont des exaltés, ils sont trop bizarres ces gens, avec leurs bras en l'air » et j'avais attendu à l'extérieur la personne qui m'avait emmené voir ces fous!!! .

Cette fois-ci ? C'était différent, j'étais prête à rencontrer celui qui avait répondu à ma prière dans la chapelle de l'hôpital. L'église avait bien grandi, c'était « La porte ouverte chrétienne* », avec les Pasteurs Peterschmitt de père en fils, et un autre bataillon de pasteurs. Le mardi soir, c'était la soirée d'évangélisation. L'ambition était particulière, j'appris ensuite que cela s'appelait l'onction. C'est-à-dire que l'on ressent la présence de Dieu.

Je fis cette rencontre, et vis ma vie défiler, et vu à quel point mon âme était sale, je pleurais, priais, je connus la repentance, et la nouvelle naissance.

À l'appel du pasteur, je m'avançais vers l'estrade.

Je donnais ma vie à Jésus en répétant une prière de repentance similaire à celle-ci:

« Seigneur ,

Ici et maintenant, je crois en Jésus-Christ,le Fils de Dieu. Je crois que, dans ton grand amour et ta miséricorde, tu es mort pour moi.
Je crois que tu as souffert tout le châtiment de mes péchés, que tu en as payé le prix intégral afin qu'aucun ne me reste imputé par amour pour moi.
Comme je te remercie d'avoir pris ma place et acquitté ma dette !
Grâce à ton sacrifice, je suis aujourd'hui exonérée de mes pêchés,
Tous mes péchés et ma vieille nature ont été mis à ton compte et tu as tout payé pour moi. Maintenant toute ta justice est versée à mon compte, et je reçoit ta rédemption et ton salut.
Ici et maintenant, je t'accueille dans mon cœur, toi mon Sauveur, qui me sauves du péché, de l'enfer et de tout le pouvoir du diable.
Je t'accepte, Jésus, comme Seigneur de ma vie et, ici et maintenant, je consacre ma vie à te plaire. Tu as dit que, si je venais à toi, tu ne mettrais pas dehors. Je suis venu à toi de tout mon cœur, ayant honte de mes péchés et cherchant le salut.Je fais confiance au sang de Jésus-Christ
Désormais, je n'ai plus à faire quoi que ce soit pour assurer mon salut. C'est chose faite. Ni mon mérite, ni mes bonnes œuvres n'y ajouteront rien. Aussi longtemps que je vivrai, je ferai confiance à Jésus, car Il a fait tout le nécessaire.Je suis sauvé(e) grâce à ce que tu as fait sur la croix pour me sauver.
Tu as été blessé pour mes péchés, brisé pour mes iniquités. Le châtiment que j'aurais dû porter est tombé sur toi, et tu l'as porté à ma place. (Esaïe 53 : 5)
Je suis sauvé(e) maintenant. Je suis en paix. Je suis libre de toute culpabilité et de toute condamnation. Je suis un Chrétien, une Chrétienne. Gloire au Seigneur ! JÉSUS me sauve maintenant. »

Ensuite, je pleurais et priais trois jours d'affilée dans une repentance sincère.

Une amie m'a suggéré cette image, pour faire pousser une belle fleur, on utilise du (de sa m…, comme elle a dit, que je n'oserais pas répéter, et que vous avez tous compris) purin, plus y en a, plus la fleur sera belle, soit plus votre passé est sombre, plus Dieu vous transformera. Comme il l'a fait avec Marie-Madeleine, car elle savait d'où Dieu l'avait sortie.
Et, nous aurons de grosses surprises!!!!
Matthieu 19:30:
Mais beaucoup de ceux qui sont maintenant les premiers seront parmi les derniers, et beaucoup de ceux qui sont maintenant les derniers seront parmi les premiers.

Et voilà, j'étais une Born again!!!

Jean 3:

1 Mais il y eut un homme d'entre les pharisiens, nommé Nicodème, un chef des Juifs, 2 qui vint, lui, auprès de Jésus, de nuit, et lui dit : Rabbi, nous savons que tu es un docteur venu de Dieu; car personne ne peut faire ces miracles que tu fais, si Dieu n'est avec lui. 3Jésus lui répondit : En vérité, en vérité, je te le dis, si un homme ne naît de nouveau, il ne peut voir le royaume de Dieu. 4 Nicodème lui dit : Comment un homme peut-il naître quand il est vieux ? Peut-il rentrer dans le sein de sa mère et naître ?

5 Jésus répondit : En vérité, en vérité, je te le dis, si un homme ne naît d'eau et d'Esprit, il ne peut entrer dans le royaume de Dieu. 6Ce qui est né de la chair est chair, et ce qui est né de l'Esprit est esprit. 7 Ne t'étonne pas que je t'aie dit : Il faut que vous naissiez de nouveau. 8 Le vent souffle où il veut, et tu en entends le bruit; mais tu ne sais d'où il vient, ni où il va. Il en est ainsi de tout homme qui est né de l'Esprit.

Quelque temps plus tard, je participais à une soirée où l'on pria pour le baptême du St -Esprit, nous étions en Mars.
En mai, un jour dans ma voiture, je ressentis cette douce présence, et commençai à baragouiner dans cette langue** qui ne m'a pas quitté depuis, je fus dans la joie.
Avant, je pensais que la vie de chrétien devait être monotone et triste, je me rendis compte qu'au contraire, elle est pleine de rebondissements.
Une nouvelle vie commença pour moi, en juin je reçus le baptême d'eau, et cette prophétie:
« Tu étais comme un bateau sans gouvernail, maintenant c'est moi qui deviens ton gouvernail, reste attaché à moi, car je t'aime »

En septembre je fis la présentation de mes enfants, et je reçus ces prophéties:
« Tu es vraiment tremblante dans ton cœur, tu n'es pas tranquille, aujourd'hui reçois ma paix qui demeure pour la gloire de mon nom et va en paix, là où je te place; sois cette sentinelle que je veux que tu sois pour moi et pour ton entourage »
« Je t'appelle à me servir dans l'intercession. C'est pourquoi, je veux t'utiliser au milieu de ces enfants que je t'ai donnés. Intercède et tu verras des victoires que toi-même tu ne pourrais pas imaginer »
« Plus tu me suivras, plus tu verras ma gloire, et je te rendrais tes enfants d'autant plus forts ».
Et, en effet, par la suite ce fût des milliers d'enfants, que je côtoyai dans ma vie professionnelle.

*L'Église Porte ouverte chrétienne (ou, selon son nom complet, Mission du Plein Évangile - La Porte ouverte chrétienne) est une méga église chrétienne évangélique de courant charismatique évangélique, située à Mulhouse, en France. En 2015, elle comptait 2 200 membres. Elle est affiliée à la Fédération des Églises du Plein Évangile en Francophonie, membre du CNEF.
Source wikipédia
**Parler en langue: par SteveLenk
Le « don du parler en langues » est un don spirituel. Cela signifie parler avec des mots ou dans une langue que les autres ne comprennent pas, pour s'édifier soi-même et les autres.
Jésus a prédit le parler en langues : « Voici les miracles qui accompagneront ceux qui auront cru: en mon nom, ils chasseront les démons; ils parleront de nouvelles langues. » Marc 16, 17. La première fois que quelqu'un parla en langue fut au jour de la Pentecôte, quand le Saint-Esprit fut donné aux apôtres, comme on peut le lire dans Actes 2, 1-12. Les apôtres commencèrent à annoncer l'évangile à la foule à Jérusalem, et ce qu'ils disaient pouvaient être compris par des personnes qui parlaient toutes sortes de langues différentes : « … comment les entendons-nous parler dans nos langues des merveilles de Dieu ? » Actes 2, 11
Plus tard, Paul écrit aussi au sujet du parler en langues, en 1 Corinthiens 12 et 14. Cependant, il précise ici que ceux qui parlent en langues, ne parlent pas dans une langue compréhensible: « En effet, celui qui parle en langue ne parle pas aux hommes, mais à Dieu, car personne ne le comprend, et c'est en esprit qu'il dit des mystères. » 1 Corinthiens 14, 2. Néanmoins, ce don accordé aux croyants peut être bénéfique pour ceux qui écoutent et utile à l'édification dans les rencontres chrétiennes.

Chapitre 11: Miracles (voiture, travail, argent, diplôme, retour des enfants,…)

Je peux commencer ce chapitre par ce chant de Dana Mwana qui résume quelles ont été mes premières années de marche avec le Seigneur, et comment celui-ci m'a béni et sorti du gouffre où j'étais

Il n'a pas dit que tu coulerais, que tu sombrerais… il a dit :

Si la mer se déchaîne,
si le vent souffle fort,
Si ta barque t'entraîne,
n'aie pas peur de la mort.

Il n'a pas dit que tu coulerais
Il n'a pas dit que tu sombrerais
Il a dit: allons de l'autre bord !

Si ton cœur est en peine,
si ton corps est souffrant,
Crois en Jésus, il t'aime;
Il est le Tout-Puissant.

Il n'a pas dit que tu coulerais
Il n'a pas dit que tu sombrerais
Il a dit: Je te délivrerai.

Si un jour sur ta route tu croises le méchant,
Ne sois pas dans le doute,
Dieu prend soin de son enfant.

Il n'a pas dit que tu coulerais
Il n'a pas dit que tu sombrerais
Il a dit: Je te protégerai.

- VOITURES:

Je peux dire que depuis que je suis chrétienne, Dieu m'a pourvu en voitures… Quand mes parents décédèrent, j'héritai de leur voiture. Ensuite comme celle-ci était vieille, et avait trop de réparations à faire et je devais faire le contrôle technique obligatoire, alors que j'étais chez un ami garagiste et que l'on parla du sujet. Il me dit :« tu vois celle-ci n'est pas chère » en me montrant une petite citadine rouge, et je: « ah oui, une voiture rouge, ce serait pas mal, moi qui aie du mal à retrouver ma voiture sur les parkings au moins là je la verrais ».

Quelques jours plus tard, je reçois un coup de téléphone de Murielle, celle-ci me dit: « Donne-moi la voiture des parents, je te donnerais la mienne, j'en rachète une neuve, et je donnerais la tienne, pour la reprise », bien entendu cette voiture était rouge, Dieu écoute même les petites prières.

Quand celle-ci fût aussi au bout du rouleau, un ami chrétien à qui je confiai mon besoin, me dit: « Et bien, j'ai justement une vieille voiture allemande increvable, j'avais demandé à Dieu de m'indiquer à qui la donner… »

Et, enfin quand j'ai crée « Les enfants d'abord» (chapitre 16), comme j'avais le statut de travailleur handicapé, ma conseillère me dit: « vous avez droit à 12000 euros de l'Aghefip, que vous faut-il?
-quelques meubles, un ordinateur, une imprimante, pour 3000 euros environ,
-et votre voiture?
- elle est vieille, on me la donnée!
-et bien , achetez-en une alors!!!
Non seulement Dieu m'a pourvu pour le travail, mais également la voiture pour y aller, et plus encore!!!

- TRAVAIL:
Au niveau du travail, c'est pareil, Dieu a ouvert les portes, et les bonnes. Quand je priai pour un travail après ma conversion, Dieu me dit: « te rappelles-tu dans ta jeunesse, on t'a découragée de devenir animatrice, tu ne peux plus travailler dans le commerce, trop physique pour toi, et tu as le BAFA, moi je t'ouvre une porte.
Quinze jours après, je commençais un contrat aidé comme animatrice dans une association de quartier, qui s'occupait d'enfants en difficultés, le soir après l'école, avec de l'aide aux devoirs, et les mercredis et samedis, en centre de loisirs.
Mon contrat fini au bout de cinq ans en terminant par six mois au poste de direction.
Et pour la suite, je le raconte dans les chapitres suivants.

- ARGENT:
Quelques jours après avoir commencé mon travail, je téléphone à Hélène et je lui dis: « c'est bien j'ai un travail, mais çà ne suffit pas pour pourvoir à mes besoins, quand mes parents étaient vivants, ils m'aidaient, et là je ne travaille que 20 heures par mois, j'ai beaucoup à payer, entre mon appartement, le crédit et les charges, et le remboursement du prêt pour mon entreprise.
-Ne t'inquiète pas, on va prier, quand Dieu fait quelque chose, il ne le fait pas à moitié », le téléphone à peine raccroché, Murielle m'appelle: « Allô!! J'ai discuté avec Arthur et Michel, comme les parents te donnaient 1500 frs par mois, nous avons décidé de te donner le loyer de leur appartement, tant que celui-ci ne sera pas vendu ». Je me suis retrouvée souvent dans le rouge, sur mon compte bancaire. Dieu a pourtant été fidèle, et j'ai appris au cours du temps à ne plus m'inquiéter du lendemain. Toutes les fois où Dieu est venu à mon secours pourraient être à elles seules le sujet d'un livre.
Luc 12 : 24:
Considérez les corbeaux : ils ne sèment ni ne moissonnent, ils n'ont ni cellier ni grenier; et Dieu les nourrit. Combien ne valez-vous pas plus que les oiseaux !

- DIPLÔME:
Comme j'avais changé de branche, il fallait bien que je puisse évoluer, je fis le concours pour faire le BEATEP, un diplôme Jeunesse et Sports en animation équivalant au bac, je réussis les épreuves et fus admise malgré le grand nombre de candidats. Je fis ma formation en alternance pendant un an, puis un stage pratique dans un CADA (centre d'accueil des demandeurs d'asile). Pour l'examen final, j'organisai une séance de cinéma avec un film réalisé avec les enfants. Monté par le club vidéo de mon fils à son collège, suivi d'un débat avec certains demandeurs d'asile et le public, puis une exposition-vente des objets réalisés avec les adultes, et des panneaux explicatifs. Le titre de l'expo était: « France :Terre d'Asile, Terre d'exil », l'affiche avait été dessinée par un caricaturiste Libanais (quelle idée, il avait fait la caricature d'un ayatollah, et malgré avoir été un combattant pour son pays, direction la frontière…sinon couic). J'avais mis beaucoup de monde à contribution,

même mes enfants, succès total. Diplôme décroché!!! Mais, avec larmes et sang. En effet, j'étais déterminée à l'avoir ce diplôme…Lors d'un de mes stages théoriques (avec pédagogie participative), j'étais tellement malade de la bronchite, que j'en crachais du sang, un des autres stagiaires me traita de folle, mais il ne connaissait pas mon histoire et ma motivation (retrouver mes enfants). Ensuite, je ne pouvais pas rentrer chez moi, et je restai 3 jours chez une chrétienne qui me soigna. Une autre fois, c'est ma directrice qui me renvoya à la maison, à cause de mes grosses quintes de toux..

ENFANTS: C'était le sujet de prière le plus brûlant, le plus douloureux, c'était une plaie ouverte, béante et cruelle, se voir arraché ses enfants, c'est terrible, le poids de culpabilité est énorme.
Un grand vide à combler, heureusement que j'avais ces autres enfants que Dieu m'avait donné à mon travail, pour oublier les miens.
Moi, qui avais pris ce rôle de mère comme échappatoire à mon besoin d'exister, je me retrouvais face à ma responsabilité, j'avais failli à mon rôle. Enfin, c'est-ce que je croyais. Après m'être repentie de mes torts, j'acceptais également mon statut de victime, mais le plus urgent était de rétablir les choses, surtout pour leur bien-être. Je retrouvais mon fils en larmes, tous les mercredis, et tous les dimanches.
Il voulait revenir vivre avec moi, mais avait peur d'en parler à son père. Il subissait du harcèlement au collège, son profil d'intellectuel n'était pas au goût des élèves de SEGPA*. Un jour, çà alla trop loin, le jeu consistait à garder des allumettes allumées dans la main, le plus longtemps possible.
Gaël fit une crise de tétanie si forte, que la CPE ** appela le SAMU. Mais, le soir même, Richard le punit pour cela, pour lui c'était du « cinéma ».
Je saisis le tribunal pour enfants, qui le convoqua. Il demanda pourquoi à son fils. Gaël ne lui dit pas que j'avais été choquée de son attitude suite à l'incident, mais lui dit qu'il voulait vivre chez moi. Il revint donc vivre chez moi 2 ans après son départ. Plus tard, il coupa les ponts avec son père.
Pour ma fille, ce fût plus long, elle disait qu'elle aimait les deux, à l'enquêteur social. Je m'accrochai à la promesse, à la prophétie donnée.

Esaïe 65 : 23:

Ils ne se fatigueront pas pour rien et ils n'auront pas des enfants qui soient pour eux une source d'inquiétude. En effet, ils formeront une lignée de personnes bénies de l'Éternel et leur progéniture sera avec eux.
Je me dis que Richard, ayant une nouvelle compagne. Un jour, celle-ci qui avait accepté la présence des enfants d'une autre femme, désirerait le sien, et les rejetterai, même inconsciemment.
Mélanie, se sentant rejetée, et jalouse du nouvel enfant désira revenir chez moi.
C'est exactement ce qui s'est passé, à 13 ans elle écrivit elle-même la lettre au Juge pour enfants.
Avec son grand Amour, Dieu m'aida à me réconcilier avec moi-même, et me guérit de la dépression. Et il reconstruisit cette image de moi-même qui avait été dévalorisée.

Psaume 139:

…13C'est toi qui as formé mes reins, Qui m'as tissé dans le sein de ma mère. 14Je te loue de ce que je suis une créature si merveilleuse. Tes œuvres sont admirables, Et mon âme le reconnaît bien. 15Mon corps n'était point caché devant toi, Lorsque j'ai été fait dans un lieu secret, Tissé dans les profondeurs de la terre.…

*Section d'enseignement général et professionnel adapté Dans le système éducatif français, au collège, les sections d'enseignement général et professionnel adapté (l'acronyme « Segpa » ou « SEGPA » est fréquemment employé) accueillent des élèves présentant des difficultés d'apprentissage graves et durables.

**En France, le conseiller principal d'éducation (CPE) est un fonctionnaire d'État de catégorie A qui exerce des responsabilités éducatives dans un collège, un lycée ou un lycée professionnel.

Chapitre 12 : Le vin n'est pas forcément bon (expériences avec le vin nouveau)

C'est Hélène qui m'entraîna dans cette nouvelle église, je me sentais seule à la PO, parmi cette foule. Le trajet était long, et je cherchais une église plus proche de chez moi. Elle me vanta une église où il y avait « vraiment » la présence du Saint-Esprit.Ma première visite fût lors d'un baptême chez un particulier, dans une piscine, il y avait beaucoup de joie, de chants et de danses, de la nourriture, l'ambiance était plaisante. C'était vraiment la fête, à la sortie de l'eau il y eut beaucoup de prophéties, et de paroles de connaissances. Nous allâmes les dimanches suivants au culte dans une petite salle, il y avait toujours cette ambiance festive qui me plaisait beaucoup. Parfois, çà partait dans tous les sens, nous étions pris de fous rires, même que le pasteur avait du mal à prêcher. Il y avait aussi les prières de délivrance, un jour je toussais tellement fort, qu'un couple me sortis à l'extérieur pour chasser ce démon qui perturbait la réunion, ce qui aggrava ma bronchite, car sortir sans manteau en hiver quand on a une bronchite, n'est pas conseillé, même pour chasser un démon…Bref, il y avait un manque de sagesse!!!Tout était spiritualisé…
Le pire fut quand j'allai à un séminaire dans un pays voisin, une femme voyait des démons partout, même sur une photo de serpent dans un musée d'histoire naturelle. Puis, lors d'une soirée où il y avait de grosses paillettes d'or sur les gens, nous imaginions être des aigles et imitions notre envol. Un autre soir, les hommes se mirent à quatre pattes, imitant des chiens...

D'un autre côté j'ai vécu la guérison de ma colonne vertébrale que je sentis se redresser, mais cette guérison disparut les jours suivants.
Au retour ma fille fût insupportable dans la voiture, a-t-elle récolté un démon? Mon fils reçut également des délivrances, mais tout ceci lui fit peur, et il changea d'église…
Nous changeâmes de lieu de culte, pour une salle beaucoup plus grande avec beaucoup de travaux à faire, donc un appel d'argent fût fait, d'ailleurs l'appel d'argent était récurrent. Le vin nouveau est souvent apparenté à l'évangile de prospérité, nous avions tous les mois au moment des salaires, le prêche sur la dîme. Toutes mes économies y passèrent, ainsi que des heures de travail. La salle était beaucoup trop grande, mais nous avions eu des prophéties comme quoi notre communauté allait grandir énormément. Donc, une opération de recrues eut lieu, nous organisâmes entre autres une soirée de musique-techno. Tout avait l'apparence d'une soirée pour jeunes, la musique, les lumières. Mais, nous étions missionnés à faire du prosélytisme parmi ces jeunes.
Évidemment, pour ne pas perdre ses ouailles nous avions interdiction d'aller voir ailleurs, le « ne quittez-pas vos assemblées » étant subtilement utilisé pour nous manipuler. De temps en temps des « sommités » furent invités, histoire de gonfler un peu les présences. Avec du recul, je me rends compte que certains étaient plutôt suspects, faux prophètes ou guérisseurs douteux…
Chacun devra rendre des comptes à Dieu.
Comme dans toute église, il y avait un loup. C'est au pasteur d'avoir le discernement nécessaire pour le cerner. Mais, comme souvent celui-ci savait bien cacher son jeu, et surtout avait les arguments pour plaire, la séduction, la manipulation et l'argent qu'il sortait par grosses liasses de son portefeuille. Roger, que je croyais être un ami, fit tout pour se bien faire voir par le couple pastoral, et rentra dans le conseil des anciens, alors que cela ne faisait même pas un an qu'il était dans l'église…J'avais demandé de dessiner une fresque représentant la grâce et inspiré de ce rêve effectué avant ma conversion, (cf. aquarelle du chapitre 10) le pasteur avait accepté, et je travaillais depuis plusieurs jours dessus. Mais quand je vins ce jour-là, ma fresque avait été recouverte de

peinture par Roger. J'allais voir le pasteur qui n'eut que, comme explication, qu'il m'avait donné l'autorisation sans l'accord du conseil des anciens, et que Roger, trouvait ma fresque trop naïve. Ce qui était un choix délibéré car faire une fresque de 3 mètres de haut sur 4 de large, n'était pas évidente pour les proportions. J'étais dépitée. Une autre fois, nous eûmes un débat sur un sujet épineux. Une femme souffrant de maltraitance, demanda si elle avait le droit de quitter son mari, le pasteur répondit que non, que seul l'adultère autorise le divorce. Quand on sait que souvent ces mêmes maris vont sur des sites pornos, qui est une forme d'adultère… Par la suite, j'appris que ce même Roger battait sa femme et que le pasteur était au courant…Il y eut aussi des escroqueries de la part de ce Roger, je connais deux chrétiens qui en ont été lourdement victimes…En effet, les liasses de billets n'étaient que le fruit de dessous de table. Le ver était dans la pomme et nous en fûmes tous victimes…Mais Dieu est fidèle avec ceux qui sont sincères, et malgré tout cela; je vécu des moments très forts avec le Seigneur, je pus épandre ma souffrance d'être séparée de mes enfants en hurlant ma douleur, ce que je n'aurais pas pu faire dans une église traditionnelle. Une autre fois, je ressentis la douleur de Jésus à Gethsémané, c'était tellement fort, je n'imagine pas si cela avait été à Golgotha, mais je crois que personne ne le supporterait. C'est là, que je compris ce qu'était l'esprit de prière et d'intercession, avec des larmes et des douleurs physiques…Quand je quittai cette église, il ne restait plus que 30 personnes sur les 100 de mon début, dans une salle d'une capacité de 250 personnes, et un gouffre financier, ne serait-ce que pour le chauffage, car le plafond était à 4 mètres au moins. J'appris par la suite que ce pasteur manquait d'argent au point que ses enfants n'eurent rien à Noël, par la suite il reprit son ancien métier. Je quittai moment où celui-ci faisait remplir des contrats aux membres de l'église, avec obligation de payer la dîme…A ce jour, je ne sais pas où elle en est.

Je partit dans une autre église du vin nouveau, en moins intense. Dans cette église, on prêchait beaucoup sur l'amour. Mais, je ne le voyais peu en pratique…Ce qui eut une incidence pour la suite… Mais, aussi parce que je n'étais pas guérie de ma dépendance affective…

3 eme partie .

La chute et le retour

Chapitre 13: Découragement et retour vers le péché

" La plus grande gloire n'est pas de ne jamais tomber, mais de se relever à chaque chute. "
Confucius

Cette partie concerne tous les chrétiens qui seraient tentés par le péché et rétrogrades, ce que j'ai vécu est un avertissement de Dieu, non seulement vous risquez de perdre votre Salut, mais en plus votre vie ne sera pas bénie, en tout cas c'est-ce qui m'est arrivé.
C'est pour moi un des plus difficiles passages de ma vie à écrire, mais sans lui ce livre n'aurait pas sa raison d'être.

En 2001, je travaillais comme directrice de l'association où j'avais été embauchée à ma conversion, j'étais confrontée à beaucoup de difficultés, mais bon, j'étais contente, j'ai vu la fin du tunnel financier. Il ne faut pas croire, ce poste est ingrat, j'avais l'impression d'être un citron pressé de tous les côtés. Les animateurs, dont une particulièrement était jalouse que ce soit moi qui ai eu le poste. En effet, je passais du statut de collègue au statut de chef, et ce n'était pas simple. Les enfants, sur lesquels j'étais passé de l'animatrice complice dans les jeux, à l'autorité ultime. Les parents, qui pensaient que nous pouvions faire des miracles, car souvent dépassés dans leur rôle d'éducateurs.

Les autorités et les financeurs, en effet comme j'ai récupéré une situation financière catastrophique, avec des budgets prévisionnels
sur-gonflés par mon prédécesseur, avec des actions qui n'ont pas été mis en place, et que j'ai dû mettre en place en urgence.
Et enfin, la présidente de l'association et le conseil d'administration, pour qui j'aurais dû être disponible 24 heures sur 24 et qui attendaient la moindre faille pour me mettre au pilori. Car ayant eu des directeurs défaillants auparavant, je n'avais pas droit à la moindre erreur. J'eus ma première réunion du conseil d'administration, le soir du 11 septembre, après avoir vu en boucle, les tours tomber à la télé. Ma prestation fut un désastre tellement j'étais perturbée, devant un conseil intransigeant.
En plus le travail de bureau n'était pas trop mon truc, je préférais le contact avec les enfants…
En ce qui concerne, mon autre vie, le soir d'Halloween, j'ai fait un accroc au contrat avec Jésus, cela faisait 6 ans que je vivais seule, et la solitude me pesait.
J'appréciais l'amitié de ce Kabyle Ischem qui était hébergé par l'église , il était demandeur d'asile, donc tout le monde s'occupait de lui, il était charmant (j'apprendrais plus tard qu'il possédait un esprit de séduction, mais moi aussi).
Il a eu envie d'aller en boîte de nuit, et avec tous les mauvais esprits traînant ce soir-là, est arrivé ce qui n'aurait pas dû arriver.
Le couple Roger-Myriam avait été commissionné par le Pasteur pour nous espionner, ils nous suivirent jusqu'à chez moi…En bas de l'immeuble.
D'ailleurs, le pasteur nous avait aussi un jour suivis, nous devions nous cacher derrière des arbustes, comme des enfants pris en faute, rien ne c'était encore passé, mais qui sait, c'est peut-être cet esprit de suspicion qui a contribué à l'inévitable.
Nous n'avons pas été très loin, Dieu et le remords nous a pris, le lendemain, il partit à Paris, et je sus par la suite qu'il avait vécu un an dans la rue.
Et, moi je quittais cette église pour une autre, la 2eme du vin nouveau expliqué au chapitre 12.
Quelques jours plus tard , je fus convoquée au conseil d'administration, mon contrat aidé arrivait à son terme des 5 ans, je me demandais quel avenir m'attendait.
J'ouvris la petite bible que j'avais sur moi, et je tombais sur ce verset de Jean:
Jean 10 : 18
Personne ne me l'ôte, mais je la donne de moi-même; j'ai le pouvoir de la donner, et j'ai le pouvoir de la reprendre : tel est l'ordre que j'ai reçu de mon Père.
C'est pourquoi, quand on m'annonça, que le poste de direction serait donné à la comptable, et que je pouvais reprendre mon poste de responsable des petits comme avant, je ne fus pas choquée.
Par contre, je refusais la proposition, me retrouver sous les ordres de celle qui avait tout fait pour avoir ma place, très peu pour moi, mon orgueil était encore trop démesuré pour accepter.
Mais Dieu sait, c'était peut-être son plan. En effet , ma fille qui avait maintenant 13 ans, demanda de revenir chez moi, la promesse était accomplie…Mais Mélanie était très perturbée, et je pris une

crise d'adolescence très difficile en pleine figure. J'avais besoin de toute mon énergie, pour affronter cela.

Par exemple, un soir une amie m'invita, et je compris que c'était pour le repas, et quand on arriva chez elle, nous vîmes, qu'ils avaient déjà mangé, et que c'était pour le dessert que nous étions conviés.

Mélanie s'énerva, me traita de menteuse, et criait qu'elle avait faim, je ne savais pas où me mettre. Elle fit un tel scandale, et partit dans la rue. Je devait expliquer à cette amie, qu'il y avait eu un malentendu.

Je ne savais pas où elle avait disparu, elle ne connaissait pas cette ville, grâce au téléphone portable, je pouvais la retrouver.

Je me retrouvais face à une fille qui avait des réactions disproportionnées, par rapport au problème posé, tout était objet à conflit.

Ce que je faisais à manger était toujours dégoûtant, et systématiquement, elle cherchait autre chose à manger dans le frigo, et faisait sa cuisine.

Je repris un travail d'animatrice périscolaire avec des maternelles, c'est-à-dire le soir après l'école. Quand je reçus ma facture de téléphone, j'eus un gros choc, elle passait son temps en rentrant du collège à téléphoner sur des portables, et cela revenait très cher. J'ai dû bloquer le téléphone.

Gaël était entré au lycée, et après avoir accepté Jésus à 14 ans, il alla dans une autre église, et était très occupé entre ses études, sa passion du cinéma (d'ailleurs, il avait intégré une classe avec option vidéo) et sa vie spirituelle. En tout cas, on ne peut pas dire qu'il ait fait une vraie cris d'adolescence. Mise à part des crises de tétanie qu'il faisait quand il était contrarié, mais j'étais très autoritaire et devais le paralyser.

De plus, il ne voulait plus aller chez son père, mais il avait hérité de Richard le mutisme, quant à se confier, d'ailleurs des années de psychothérapies n'en ont rien tiré.

Il a eu des délivrances, mais hélas, n'étant pas prêt pour cela, des portes furent ouvertes.

Quand il avait ses crises, j'étais désarmée.

Un jour avec Hélène, on le tira jusque dans sa chambre, ne sachant pas comment le calmer. Il se tapait la tête contre le mur ou la porte, d'ailleurs, un jour il fit un trou dans la porte du salon qui était creuse, il retournait sa violence contre lui-même, comme moi je l'avais fait des années auparavant.

Bref, la vie n'était pas facile, il fallait travailler à réparer les brèches, et cela sera un travail à faire jusqu'à la fin.

Comme j'avais changé d'église, j'attendais un peu de réconfort du coté des chrétiens, mais ceux-ci ne connaissaient pas du tout ce que je vivais au quotidien avec mes enfants.

Pour arrondir, les fins de mois je commençais à faire des animations commerciales, les vendredis et samedis, c'était bien payé, et j'aimais bien, car il n'y avait pas de routine, une fois je vendais, des piles, une fois du shampooing. En, plus, je ramenais les échantillons et cadeaux publicitaires non distribués à la maison, et avec les autres animatrices, nous faisions des échanges. Avant Noël, je devais faire une animation avec des chocolats. Cette animation a été annulée, je me suis retrouvée avec 9 kilos de pralinés, tout prêt pour mes cadeaux à offrir.

J'ai aussi été au rayon charcuterie, mais çà c'était très physique, et j'avais du mal.

Je travaillais également de temps en temps les mercredis, en centre de loisirs en remplacement, pour compenser le vendredi où j'étais absente au périscolaire.

Donc, professionnellement tout allait bien.

En juillet 2003, la fameuse année de la canicule, je pris une direction de centre de loisirs, je la démarrais avec une entorse au pied, ce qui m'arrivait souvent d'ailleurs. Chaque semaine, nous devions présenter un spectacle. Je n'étais pas d'accord, je trouvais qu'un seul spectacle sur le mois aurait été largement suffisant. C'était mettre la pression sur les enfants, alors qu'ils étaient en vacances. Ma pédagogie particulière était de rendre les enfants autonomes, et acteurs de leurs activités.

Ne pas oublier qu'ils étaient en vacances, et qu'ils pouvaient apprendre en s'amusant.

Préparer un spectacle par semaine, me semblait abusif, mais nous n'avions pas le choix. Cela mettait les enfants et les animatrices sous pression. Avec les employeurs et notamment le président de l'association, nous n'étions pas du tout sur la même longueur d'onde…

D'un côté, il me reprochait mon manque de vigilance au niveau de la sécurité, et de l'autre il voulut m'imposer trois jours avant, une sortie à Europaparc, alors qu'une sortie comme cela, s'organise longtemps avant, avec des bénévoles supplémentaires comme accompagnants.

C'était complètement contradictoire, mais il subissait la pression de ses enfants capricieux.

Je n'avais pas non plus l'aval des animatrices, habituées à une pédagogie classique.

Travailler avec des enfants issus de milieux bourgeois, s'avéra moins facile qu'avec les enfants de quartier. Les enfants rois, sont à la fois arrogants, exigeants et manquants d'initiatives.

J'étais épuisée, et au cours du troisième spectacle, j'ai eu un accident, en simulant un échauffement de boxe, lors d'un spectacle de match d'improvisation théâtrale.

Mon entorse à la cheville m'ayant déséquilibrée.

La nuit, je fus réveillée par une douleur intense, et ne pouvais plus poser le pied au sol.

J'avais une luxation du genou, le médecin me le remit en place en demandant à sa femme de s'asseoir sur mes fesses…Imaginez le tableau!!! Le lundi suivant, j'allais au travail avec les béquilles!!!Les antalgiques me rendaient encore plus fatiguée. C'était un accident du travail, mais en tant que directrice, je mettais un point d'honneur à faire, au moins, acte de présence….Je le regrettai plus tard, j'aurais mieux fait de rester à la maison!!!

À la fin de la semaine, nous avions organisé une boum, le soir, un camp sous tente, et évidement le fameux spectacle imposé, avec goûter pour les parents. Cela faisait trop, tout le monde était fatigué.

Avec mon esprit rebelle, je trouvais que cela suffisait les béquilles, et nous chahutâmes avec les animatrices, je me retordais mon genou, la douleur était intense, je pris des antalgiques, et je continuai à animer la boum.

La musique qu'avaient emmenées les enfants apporta une ambiance glauque à la soirée. Entre la chaleur, la douleur, la fatigue et la musique, je ne maîtrisais plus rien, c'est comme si une horde de démons avait pris position sur les lieux. Les enfants dansaient avec les animatrices, dans une semi obscurité, et j'envoyais des bonbons sur la piste de danse, ne réalisant pas qu'ils ne les voyaient pas. Trop dans la douleur et la fatigue, je partis m'allonger et m'endormis assommée par les analgésiques.

Le lendemain, les animatrices allèrent se plaindre au président que je les avaient laissées seules avec les enfants, qu'elles eurent dû mal à coucher. Il me fit encore des reproches, que je n'avais pas été à la hauteur de ma tâche. Je lui rétorquais que je m'étais blessée. Il me répondit que ce n'était pas la fin du monde. Et voilà, comment j'ai été remerciée d'être quand même venue travailler malgré mon accident, alors qu'une autre serait tranquillement restée à la maison pour le même salaire. De plus, le fait d'être venue, m'empêcha par la suite d'avoir la reconnaissance accident du travail, alors que je souffre toujours des séquelles.

En tout cas, je devais retourner le lendemain chez le médecin, qui me remis de nouveau la jambe dans l'axe. Il me prévint que si je continuerais, je risquais de rompre mon ligament croisé.

En août, je repris le travail d'animatrice commerciale. On m'envoya les échantillons à distribuer, c'était des goûters fourrés de chocolat, ils avaient complètement fondu.

Je les gardai pour mon usage personnel, mes enfants étaient ravis, je fis la vente sans dégustation , sous un chapiteau . La chaleur était insoutenable, et la douleur au genou intolérable. Ce fut ma dernière animation. En effet, ce n'était pas la fin du monde, mais la fin d'une de mes activités qui remplissait mon portefeuille.
En septembre, je pris rendez-vous chez un chirurgien. Verdict, rupture du ligament croisé et lésion du ménisque.

L'opération fut programmée en décembre, en attendant je devais réaliser 50 séances de kiné pour renforcer le muscle, pour compenser le ligament absent.
Les séances se font avant et après l'opération, je me plaignais auprès du kiné de souffrir. Il me fit comprendre que j'étais une «chochotte-douillette», que l'opération subie n'était pas grand-chose. Donc, au lieu de m'écouter, il n'a fait qu'empirer les choses. Car lorsque, je revins voir le chirurgien en avril, je lui dis que j'avais toujours mal. Mais du coté extérieur du genou, il me dit que j'avais été opéré à l'intérieur. Ainsi ma douleur venait d'une tendinite, et aurait dû être soignée par du repos, et non par des séances de kiné intensives. Le résultat est que 14 ans plus tard, j'ai toujours mal, cette tendinite s'étant transformée en douleurs chroniques.
Entre ma fille qui était odieuse, et qui disparaissait plusieurs jours chez sa copine Rachel, mon fils qui était parti vivre sa vie d'étudiant à Metz, et mon église qui me laissait vivre seule mes difficultés, pendant cette période, je retombai dans la dépression. Je ne supportais pas d'être immobilisée, et de ne voir personne. Je me sentais abandonnée de tous. Une sœur de l'église est venue un jour me voir, et vit combien j'étais mal. Elle le dit à l'église et exhorta les gens à venir me voir. Mais personne ne le fit. Ni un coup de fil. Quand, je retournais à l'église, quand j'en parlai au pasteur, celui-ci me dit :«il fallait téléphoner». Ce qu'il faut dire, c'est que, quand, çà va mal, très mal, on n'a pas l'idée d'appeler pour avoir du réconfort.
Quand on est dépressif, en effet, et surtout suicidaire, on ne cherche pas à chercher de l'aide.
C'est bien la définition de la dépression, on se laisse sombrer.
Surtout, quand on a été déçu, et que l'on a perdu toute confiance dans les hommes. Ce n'est pas chez eux que l'on ira chercher de l'aide.
Ma fille devenait agressive, et même violente. Au lycée, elle ne travaillait pas, et un jour, je fus convoquée chez le professeur principal. Il avait intercepté un billet qu'elle avait passé à sa copine Rachel. Ce billet parlait de shit, les deux filles avaient subi un test de toxiques dans leur urine.
Une autre fois, elle a fait une tentative de suicide avec des médicaments. Elle allait vraiment mal, et moi j'étais complètement dépassée.
C'est pendant cette période, au printemps 2004, que je fis connaissance de Thierry via un tchat de rencontre. Je fus d'abord séduite par sa voix douce au téléphone. Il s'avéra vite qu'il fût mon «seul» soutien. Je me confiai à Thierry, et lui raconta mes misères avec Mélanie. Comme il était éducateur spécialisé, il avait les mots justes pour me guider dans ma tâche de mère d'ados perturbés. Il me raconta qu'il travaillait dans un centre d'accueil 115* comme directeur. Ce centre était encore en travaux
et en attente de l'accord d'ouverture par la commission de sécurité. C'était une ancienne ferme Picarde, avec des bâtiments qui entouraient une grande cour. Thierry était un ancien alcoolique, et était accompagnateur bénévole à Vie Libre**. Il était en «instance de divorce»….A cette époque, je ne travaillais plus qu'au périscolaire, ayant dû renoncer aux animations commerciales à cause de mon genou. Cela me faisait peu d'heures par semaine, et j'étais prête à partir ailleurs, si une opportunité se présentait. Ma vie d'église m'ayant fortement déçu, plus rien ne me retenait dans ma ville.

Lui confiant cela, comme par hasard…Deux jours plus tard, il me dit que la place d'animatrice était vacante.

Il organisa une rencontre avec la présidente de l'association, gérante du centre d'accueil.

Je vins la veille de l'entretien d'embauche. Il m'accueillit, et je fus séduite par ce beau barbu ténébreux, il était plus beau que sur la photo qu'il m'avait envoyé. C'était le sosie du chanteur d'un groupe rock réputé. J'aimai de suite ce grand échalas timide comme un adolescent fragile, mais, également rassurant. La ferme était lugubre et froide. J'avais besoin de ses bras, où je me blottis, et nous échangeâmes un premier baiser. Nous allâmes nous coucher, chacun dans sa chambre et son lit une place. J'avais trop froid. Je vins me glisser dans ses draps, cherchant sa chaleur. Nous dormirent sagement ensemble. Le lendemain, l'entretien se passa bien. Je repartis chez moi, pleine d'espoir. Deux ou trois mois plus tard, ayant hâte de le retrouver, je louai un gîte rural à proximité et avec Mélanie nous l'accueillîmes. Cette deuxième rencontre fût moins romantique. Il eut une attitude plus distante au vu de la présence de Mélanie.

Il avoua ne pas pouvoir m'aider financièrement   pour contribuer à mes frais de déplacement. Ce fût un choc pour moi, car il m'avait promis de m'aider. Avec Mélanie, cela s'est plutôt bien passé. Un événement inattendu marqua ce séjour. Ma fille cria et je me demandai ce qui se passait. Ce cri traduisait sa surprise, en effet la petite rate que l'on avait acheté quelques jours avant était en train d'accoucher. Nous nous retrouvâmes avec 5 ou 6 rats pour le prix d'un, à notre grand ravissement. Ces rats, sont des surmulots. Et, après avoir surmontés le premier dégoût dû à notre paranoïa collective, issue des périodes de peste, qui d'ailleurs venaient de rats noirs, et non des surmulots. Du reste il existe des centaines d'espèces de rats.
Nous gardâmes une petite rate blanche tachetée, avec sa mère grise.
   Les autres fûrent offerts à ses amis.
C'était la grande mode d'avoir des rats chez les jeunes, et ils se promenaient avec leur rat sur l'épaule, il s'avéra que ces animaux sont très intelligents et attachants. Cette mode venue des gothiques* s'est étendu sur tous les jeunes.

Je fis un repas aux petits oignons pour notre invité. Il reçut un coup de fil pendant ce repas, d'une de ses filleules de Vie Libre**, et resta longtemps au téléphone. Je fus frustrée, malgré tous mes efforts, Thierry ne nous montra que peu d'intérêt. Je le raccompagnai chez lui, et il se montra fort angoissé de se retrouver avec sa femme, et d'être obligé de justifier son absence. Pourtant, il m'avait bien dit qu'il était en instance de divorce. Je commençais à me poser des questions.
À l'église, j'avais reçu une prophétie, ou plutôt une parole de connaissance, que si je partais je risquais de tout perdre.
Au mois de juillet, l'année scolaire étant terminée. Je commençais à préparer mon départ. Au centre d'accueil les choses n'avançaient pas, Thierry m'avait fait une promesse d'embauche écrite, mais signée que par lui. Comme je n'écoutais que mon cœur, et plutôt qu'obéir à la raison et à Dieu. Je préparais notre départ. Mélanie ayant complètement foiré sa seconde, nous envisageâmes l'apprentissage en cuisine, comme elle le désirait.
Je vendis une partie de mes meubles, et emportai le reste avec moi. Nous nous installâmes, Mélanie et moi dans deux chambres au centre, et nous avions les toilettes et la salle de bain privatifs. Le confort était très sommaire. J'étais contente de ce nouveau départ. Il y avait une cuisine et une salle à manger commune. Les corvées de ménage étaient à notre charge pour l'étage, le reste étant réalisé par une femme de ménage embauchée par le centre. Un homme d'entretien des espaces verts, et des travaux était également embauché en emploi aidé.

Le centre n'ayant pas encore reçu l'accord de la commission de sécurité, pour accueillir du public, mon embauche ne fut pas effective. Je fis du bénévolat contre le gîte et le couvert.
Je contribuais à faire des travaux, peinture, jardinage, gardiennage le soir et le week-end. Pendant ce temps Mélanie fit un stage de préapprentissage dans un restaurant du bourg qui était à 10 kilomètres.
Mais nous étions loin de tout, des magasins, Mélanie ne voulait pas rester là, elle se sentait mal, avec ses personnes rustres, et perdue loin de tout. Elle voulait faire sa formation à Paris, et commença à postuler. Je demandais à mon ami Kabyle Ischem qui était toujours là-bas de la prendre sous son aile.
Ce qu'il fit. Le restaurant où elle avait fait son stage l'aurait prise, mais elle trouva une place dans un grand cabaret Parisien très connu. Ischem l'hébergea, mais il était toujours dans la précarité au niveau du logement, et du travail, car il était toujours sans papiers. Cela ne fût pas évident tous les jours, s'étant fait viré d'un logement, justement parce qu'il sous-louait à Mélanie.
Ils se retrouvèrent tous les deux à la rue. Elle se fit héberger par des collègues, ou amis jusqu'à ce qu'elle trouva une chambre dans un foyer de jeunes travailleurs, ce qui ne fût pas une sinécure.
En effet, tant qu'elle n'était pas majeure, elle n'avait pas le droit d'y aller, et était trop âgée pour les foyers pour adolescents.
Nous allâmes ensemble voir une assistante sociale, où je passai pour une mère indigne. Trop vieille pour les foyers d'adolescents, trop jeune pour les foyers de jeunes travailleurs, mais c'était moi la défaillante!!! Cherchez l'erreur.
Malgré toutes ces difficultés, elle grandit vite, et après le BEP et le CAP? Elle enchaîna avec le BAC PRO. Car la cuisine était sa passion, et il s'avéra qu'elle était vraiment douée. Et, fût vraiment appréciée par ses patrons et ses profs pour son sérieux, et finit ses études comme major de promo.
Pendant ce temps, moi à la ferme, je vivais également des temps très difficiles.
Pour se voir avec Thierry, nous devions nous cacher. Entre une femme de ménage envahissante, et un homme d'entretien imprévisible, nous étions sans arrêt sur nos gardes.
Le week-end je me trouvais toute seule, dans ces bâtiments, dont la moitié étaient inoccupée, l'ambiance était vraiment morbide, et me poussait à nouveau vers mes anciens démons…La déprime revenait à nouveau me tarauder…D'autant plus que Thierry ne m'aida pas beaucoup dans ce domaine, bien au contraire…Un jour, alors que nous étions dans une chambre, en hauteur, il dit qu'il vit par la fenêtre quelqu'un nous espionner…En effet, sa femme avait pris les services d'un détective privé pour lui trouver la faille pour le divorce….
Un autre jour, il me déclara avoir une tumeur au cerveau, et être condamné par la maladie. Il me dit cela pour que je m'en aille, et me détache de lui, car il n'y avait pas d'avenir avec lui. En fait, cela eut un effet inverse, mon amour m'inspira au contraire de rester avec lui, pour l'accompagner jusqu'au bout.
Mes seuls amis à cette époque étaient les animaux, ma chatte Pompon heureuse de vivre une vie de liberté et de chasse intensive, après avoir vécu 9 ans dans un appartement au 15 eme étage. Mes rates dont je dus me débarrasser au moment où la présidente fût au courant de leur présence, je les confiai à ma sœur Murielle.
Mon autre ami était le cheval de l'homme d'entretien mis en pension dans la ferme, et en fin de vie. Je me confiais à lui, et je sentais la consolation dans son regard. C'était mon confident, combien de larmes coulèrent prés de lui. Hélas, un matin je le découvris mort couché sur sa paille.
La femme de ménage n'était pas mon amie, et elle me provoquait sans arrêt…Elle racontait ses frasques sexuelles avec son compagnon, et était chauvine et protectionniste de sa région et de son «directeur».

Elle me donnait des ordres, et se prenait pour la reine mère…Vraiment, ce n'était pas facile à vivre!!!

Au bout de six mois, on commença à accueillir les résidents. Le site donnait la priorité aux femmes seules, et aux familles avec enfants.

Voici les personnes que j'ai rencontrées:

- Il y a eu le couple de Kosovars qui resta très longtemps, ils avaient une fillette de 4 ans, et la femme était enceinte d'un bébé né sur place. Je fis le taxi pour ce couple avec peu de ressources, pour les démarches et le médecin, et des courses interminables où j'attendais dans la voiture.
- Un jour, je m'endormis et fus réveillée de manière brutale, fait par lui, par un grand coup de poing sur mon capot. C'était un sacré coquin, il souffrait de pelade suite au syndrome post-traumatique. Leur fille, petite chipie, qui s'évertuait à semer ou jeter les pots de yaourts avec la petite cuillère à l'intérieur. Manquantes à force, les si précieuses petites cuillères durent être remplacées par les cuillères à soupe qui disparurent à leur tour. Aux repas, les tables des musulmans étaient séparées des autres, mais la fillette, venait quémander de la saucisse à notre table, mais son père intervenait à chaque fois pour lui interdire. Ceci ne l'empêchait pas de venir lui-même en piquer la nuit dans le frigo…Un jour, nous accueillirent le nouveau bébé, qui fût un rayon de soleil, je fit mon pré-stage de grand-mère.
- Il y a eu ce couple de SDF, avec un bébé, l'homme partit plusieurs mois travailler sur les foires, laissant seuls la mère et le bébé. Celle-ci fût ma meilleure amie pendant cette période.
- Un couple de Russes, de plus de cinquante ans complètement détruit par l'alcool, mais à fortes doses, à peine imaginable, même l'alcool à 90 ° soi-disant pour soigner des plaies y passait.
- Puis, il y eut Martine, femme alcoolique et handicapée, trop jeune pour être placée en maison de retraite, et dont la famille ne voulait pas s'occuper. Elle nous posa de gros problèmes, car nous n'étions pas formés pour s'occuper d'une telle personne, et surtout ce n'était pas le rôle du centre. Donc une autre solution, fût trouvée, j'en parlerais ensuite.
- Puis, vint une Géorgienne, trop gentille pour être honnête, elle soignait les gens par le magnétisme, mais à cause de la barrière de la langue, je me suis laissée faire, c'est seulement après coup que je réalisais sa méthode de soins. Je lui rendais également des services, je pris à mon compte une ligne téléphonique pour elle, et pour un tarif fixe, mais il y eut un bug, et ils coupèrent la ligne. Je payai des frais supplémentaires. Toujours à cause de l'incompréhension liée à la barrière de la langue, elle crut que je l'avais arnaqué, alors que c'était moi, qui étais pour mes frais. Elle me fit un scandale, mais le pire c'est que Thierry la soutenait, elle et non moi. Je fus anéantie par cette histoire.
- Et, enfin un couple et ses trois enfants, français de souche, racontant avoir été victime de l'incendie de leur maison. L'homme était un délinquant agressif, et maltraitant ses enfants, et sa femme qui était gravement malade vivait dans la terreur. Par compassion, je pris cette famille sous mon aile. La fillette de 5 ans, soumise réalisait les tâches ménagères. Le garçon de 4 ans était d'une maigreur incroyable, et le bébé de 1 an environ était bien joufflu, et son père l'appelait «la grosse». Je voyais là, les dégâts liés à la persécution psychologique d'une seule personne malade perverse-narcissique sur toute une famille. Comme j'étais censée gérer la maison le soir, et les week-end, je me retrouvai un jour confrontée par cet homme qui m'envoya un paquet de riz, à la figure. Une autre fois il tambourina à ma porte, pestant que je dormais. Pour eux aussi, je fis le taxi, mais je leur prêtai aussi ma voiture. J'allai jusqu'à leur faire un chèque de caution pour la location d'une voiture, ils la gardèrent plus longtemps que prévu, elle

fut retrouvée complètement ravagée. Évidemment, l'agence encaissa le chèque. Je portai plainte pour abus de confiance, je fus pratiquement remboursée, mais cela mis du temps.

En effet, chaque faute doit être payée et assumée, ce n'est qu'ainsi que l'on peut arriver à maturité. Je pense leur avoir rendu service, en déposant cette plainte, et je prie que cet homme ait changé, et que cette femme et ces enfants soient sortis de son emprise, et soient protégés.

Malgré tous les côtés négatifs, je suis quand même contente d'avoir aidé ces personnes, ces laissés-pour-compte, rebus que la société ne veut pas assumer. Dans un passage difficile de leur vie, je fus, j'espère cette petite étoile d'espérance.

Au fur et mesure des arrivées, je devais réduire ma zone de confort, et céda l'appartement avec salle de bains et toilettes, pour une chambre beaucoup plus petite. Des toilettes et salle de bains communs, dans un couloir non chauffé, ce qui fût très dur à vivre pour moi, et aggrava ma bronchite chronique.

J'essayai d'organiser des ateliers de loisirs créatifs, mais avec peu de moyens, et peu de succès. Le public n'était pas trop réceptif. Faire les activités terre à terre ayant plus d'impact, la cueillette, le jardinage, l'élevage. Et, oui on a eu des poules dans le poulailler, j'ai élevé moi-même des poussins dans une boîte de transport de chat, et une simple ampoule…Vive le système D….La cuisine également étaient une activité collective intense, chaque jour on mangeait un plat de nationalité différente, nous recevions beaucoup de denrées à préparer d'urgence, surplus des «Restos du Cœur»***, invendus de certains magasins, et champignons d'une champignonnière, je n'ai jamais mangé autant de champignons qu'à cette époque de ma vie.

Nous faisions également le nettoyage et le rangement de pièces encore inoccupées, remplies de bazar.

Il n'y avait vraiment pas de quoi s'ennuyer dans cette propriété de 2 hectares, avec forêt jardin et verger. Ainsi que des bâtiments de 1000 m2 environ sur 2 et 3 niveaux, avec une capacité d'accueil pour 40 personnes. Seulement, 9 ou 10 chambres étaient pour le moment en état, le reste étant encore en travaux.

Avec Thierry, c'était encore plus compliqué, trop de monde était en obstacle, entre nous, les entrevues rares étaient toujours interrompues. Les moments d'intimités devinrent nuls. Au bout d'un an de présence, la demande de mon engagement revint à la surface. La présidente s'étant bien accommodé de ma présence pendant un an, sans se poser de questions, me notifia qu'il n'y avait jamais eu de promesse d'embauche…

Après le faux divorce, la fausse tumeur (en effet celui-ci jouait la comédie, mais parfois se trahissait par une meilleure forme ne soupçonnant pas ma présence…) jusqu'où le mensonge et la lâcheté peuvent conduire un homme? Le pire, c'est que, malgré notre séparation, et l'évidence du non-aboutissement à cette histoire…Celui-ci me dit que malgré mes doutes sur le fait de m'avoir aimé, me proclama que je ne pouvais pas imaginer à quel point il m'aimait!!! Et, moi la guimauve dégoulinante, n'avait pas cessée de l'aimer!!!

Comme je trouvai un travail prés de la ville, je cherchai un logement plus proche de celle-ci, à partir de ce jour, je devins persona non gratta à l'association. En effet, étant venue voir un soir les résidents, ceux-ci me dirent de rester manger, hélas quelques jours plus tard, je reçus un courrier incendiaire de Thierry m'interdisant l'accès du centre, car j'aurais volé du pain au couple Kosovar…Le revoyant, ultérieurement, il m'expliqua qu'il avait dû faire ce courrier en tant que directeur, pour montrer qu'il était bien dans son rôle auprès du conseil d'administration…Car, lui-même était sur la sellette, et fût congédié ensuite pour incompétence. Je pense qu'il voulait effacer des rumeurs, qui étaient par ailleurs bien fondées…Et, voilà comment je fus remerciée pour une année de bénévolat, un appartement laissé à des locataires, un travail sûr pour une chimère, une fille qui s'éloigna de moi, un fils, une famille, des amis dont je m'étais éloignée et deux petites rates, dont j'ai dû me défaire…Tout un mobilier, dispatché ici et là…Mais hélas, ce n'était pas fini…

Je sais, lecteur, lire dans vos pensées, vous vous dites: « Quelle pauvre et naïve fille, comment a t'elle ainsi se faire avoir ainsi? » Pourtant, celle qui avait comme devise depuis ses 14 ans: « Ce n'est pas en prenant les autres pour des imbéciles que l'on prouve son intelligence » était toujours sur ses gardes, mais les raisons du cœur, sont supérieures à celles de la raison, quand on est dans le tourbillon de la passion, et que l'on s'est éloigné de Dieu. Je pense que je voulais couvrir mon pêché par de bonnes œuvres, ce qui était totalement une faute de tactique spirituelle. C'est-ce que certaines religions préconisent, et pourtant ce n'est pas ce Dieu attend de nous, nous rentrons dans ses œuvres par amour pour lui, et non pour se faire pardonner. Un Père aime ses enfants, même quand ceux-ci font de grosses bêtises. Si ces enfants savent reconnaître leurs bêtises, et demander pardon à leur Papa, celui-ci leur pardonnera. Mais, humainement, j'étais confronté à de telles misères, que je ne pouvais rester insensible. Mais je reçus une leçon, il faut faire vraiment attention à la nuance entre la véritable détresse, et la fourberie qui peut en découler dans un désir de tromper, et profiter de ceux qui vous tendent la main. Bref, ne pas être une bonne poire!!! Ce n'est pas parce que l'on est chrétien, que l'on doit se laisser duper. Hélas, le diable utilise souvent ce procédé envers des chrétiens non affermis, ou qui sont en défaillance. Personne n'est à l'abri, soyons tous vigilants!!!

1 Thessaloniciens 4.5:
sans se laisser emporter par la passion comme font les païens qui ne connaissent pas Dieu
Ecclésiastique 13.8:
Prends garde de ne pas te laisser séduire, pour ne pas être humilié dans ta sottise.

Ayant trouvé un travail de 3 mois, avec promesse d'embauche, je m'enquis d'un appartement. Avec l'aide de mon assistant social, je bénéficiais d'un très joli studio dans ce que l'on appelle une Maison Relais****, le directeur eut connaissance de ma situation, et il n'y eu pas d'obstacle.
Je meublai mon logement avec les rescapés de mes biens. Et des choses achetées avec un bon social chez Emmaüs (5*). Tout était en place, pour un changement de vie. Mais, voilà les animaux étant interdit dans cette maison, je devais me défaire de ma petite Pompon.(6*)
Je n'arrivais pas à me résigner, et en attendant de trouver moi-même une bonne famille, je la gardais dans ma voiture, évidemment étant habituée pendant un an aux grands espaces, celle-ci se sauva de la voiture, alors que j'étais à 300 km de mon nouveau «chez moi», lors du mariage de ma nièce.
Malgré les petites affiches, celle-ci n'est jamais réapparue.
Je souhaite juste qu'elle trouvât une bonne famille pour s'occuper d'elle, ayant la chance d'être une magnifique noire angora avec reflets roux, et yeux verts. J'espère que sa beauté aura eu raison de cœurs compatissants.

Je sais bien que c'est idiot ce que je viens de dire et que chaque être vivant a besoin de soins, quel qu'il soit. Mais, quand on a perdu un être cher, on se raccroche à n'importe quoi. Et l'on sait bien que la beauté extérieure a plus de chance de s'en sortir dans ce monde cruel de l'apparence, que la beauté intérieure. Heureusement, que notre Dieu, lui, sait reconnaître la beauté du cœur.

Je me retrouvais donc seule, ou presque…En effet, je retrouvais Martine, qui avait le studio à coté de moi. Et, je continuais, à m'occuper d'elle en voyant hélas, impuissante, la dégradation de ses facultés physiques et morales. Elle m'avoua avoir sombré, après le suicide de son fils, et bien d'autres déboires, qu'elle me confia dans ses moments de lucidité. Mais, ces moments étaient également accompagnés d'une grande détresse, c'est pourquoi, elle préférait boire pour oublier ses tribulations. Elle était abandonnée de tous.

Un jour, elle avait oublié d'éteindre le gaz, la casserole a cramé. Une autre fois, elle s'endormit avec sa cigarette, on a failli avoir un incendie. Un jour, elle est tombée juste derrière sa porte, et les pompiers durent casser la fenêtre. Elle fut envoyée dans un lieu plus approprié. N'ayant aucun contact avec sa famille, je ne sus pas où, elle était partie. Je ne l'ai jamais revue…

De mon coté, je me raccrochais à ce nouveau travail, dans un centre socioculturel, comme à une bouée de secours.

Et, à nouveau, je m'investis à fond, dans ma nouvelle mission. En juillet, je fus animatrice, en août sous-directrice du centre de loisirs enfants, puis accompagnatrice d'un voyage de familles en difficultés. Et, en septembre, je fis plusieurs tâches, dont la préparation d'une fête organisée par la ville, comme collaboratrice d'un artiste comédien, on a monté un spectacle avec des enfants. Puis, je montai un projet d'accompagnement aux familles, pour la gestion des jardins ouvriers entre autres. Mais mon rôle n'était pas vraiment défini, et j'étais en réelle difficulté devant ce public qui avait décelé mes fragilités, et était rentré dans la brèche pour me déstabiliser. C'était moquerie sur ma façon de m'habiller, de parler, parce que je n'étais pas de leur région, je subissais une forme de racisme…Et, je n'étais pas non plus vraiment en harmonie avec mes collègues de travail. Eux-mêmes étaient désorientés par ce public difficile, et des conditions de travail incompréhensibles. En effet, presque tout le personnel était en emploi précaire, même le directeur. Une animatrice incompétente et qui profitait de son statut de fonctionnaire faisait n'importe quoi et sabotait le travail d'équipe.

Il arriva, ce qui n'aurait jamais dû arriver.

Dans un autre centre social de la ville, certains animateurs firent des fautes professionnelles. Ce fut donc la personne du recrutement qui fut mis en cause, sur ses aptitudes en la matière. Tous les animateurs en vacation durent repasser devant un nouveau comité, y compris ceux qui avaient 5 ans d'ancienneté… Ces recruteurs n'étaient pas des professionnels du secteur, mais des élus. Mon futur emploi n'étant pas clairement déterminé, je me mélangeai les pinceaux pendant l'entretien et les portes se refermèrent.

Dieu utilise les défaillances du système humain pour nous sortir de ce qui n'est pas dans sa volonté, en effet, pendant cette période, je me rapprochais à nouveau de Lui et libérée de ma contrainte de rester à demeure le soir et le week-end, je pouvais à nouveau aller dans une église.

Je trouvai ensuite un travail dans une maison de retraite, dans le village de mon nouveau logis. C'était un mi-temps, donc j'avais un salaire de 400 euros, mais mon loyer était de 360 euros. J'allais aux «Restos du Cœur», qui me firent une faveur, car étant propriétaire, je n'étais normalement pas bénéficiaire. Mais le loyer couvrait juste mes charges, et mes remboursements de prêt. Dans la maison relais, il n'y avait que des gens sans travail, invalides ou vivant avec le RMI(7*), ceci me fit monter une rogne, et une haine contre le système. En effet, certains vivaient sans travailler, et avaient logement et nourriture offerts, et même de l'argent de poche pour les loisirs. Et moi, sous prétexte d'être propriétaire, je devais payer mon loyer plein pot, et n'avais quasiment plus d'argent pour le reste. Je rajoutai des heures de ménage, proposé par le service social de la mairie à mon activité. Mais révoltée par cette situation, je fis un courrier à la direction de la Maison Relais, qui avait d'ailleurs changé un mois après mon installation, en demandant une remise sur mon loyer. Car le loyer doit être calculé en maison relais en fonction des revenus.

La réponse fût cinglante: «Vous êtes propriétaire, donc vous n'êtes pas admissible aux Maisons Relais, vous avez un mois pour sortir des lieux». Au lieu d'être aidée, le nouveau directeur se retournait contre moi(8*). Grâce aux «Restos du Cœur», je sortis de ce mauvais pas. En effet, j'y rencontrai une dame qui me dit qu'elle sortait de son appartement en HLM, car son fils lui avait arrangé une petite maison dans une grange de son jardin. Je sautai sur l'occasion, et fis ma demande, et m'installa dans ce nouveau nid. C'était une maison mitoyenne avec jardinet, une pièce en bas, avec coin cuisine, et la chambre, salle de bain et WC à l'étage pour un loyer inférieur à 200 euros. Enfin, j'avais résolu le problème du logement.

Hélas, ce fût à nouveau au niveau professionnel que j'eus des difficultés.

J'avais travaillé avec les enfants, mon expérience avec les adultes n'avaient pas été concluante. Mais là avec, les personnes âgées, c'était encore une autre musique…La maison de retraite était médicalisée et de grand standing. Cette expérience fut pour moi une confrontation, à la déchéance humaine. Ce qui fût le plus difficile, c'était le secteur des personnes Alzheimer et Séniles, le Cantou. Je n'avais pas été préparée à cela, n'ayant connu avant aucune personne dans un tel état. Je fus confrontée à tous les stades de la maladie, et j'étais la confidente de personnes aux stades précoces, qui réalisaient avec horreur ce qu'était leur destinée. Ils étaient désorientés, et je devais les accompagner dans leurs promenades. Leur avenir était la sénescence et la mort. Travailler comme animatrice dans ce contexte n'était pas facile. Je devais apporter la joie et les motiver à sortir de leur léthargie. Moi, qui étais plutôt habituée aux débordements d'énergie d'enfants impatients, que je devais canaliser. La complexité de ma tâche était amplifiée, du fait que je n'avais pas d'expérience, ni de formation envers ce public.

Je devais faire preuve d'initiatives, tout ayant un fort protocole médical et de sécurité à suivre. Dans mon ardeur de réaliser ma mission, je fis des erreurs, qui furent sanctionnées par une lettre d'avertissement. Ce public ne faisait pas de cadeaux, et au moindre problème, ils allaient se plaindre à la direction. Principalement une dame qui voulait danser avec un monsieur du secteur Cantou, et comme cela présentait pour moi des contraintes supplémentaires d'organisation. Un jour, manquant de personnel, je fis l'après-midi musicale, sans le Cantou. Dés ce moment, chaque frustration, chaque petite erreur, chaque réflexion de ma part était rapportée par cette mauvaise femme à la directrice. De l'autre côté, il y en avait de très gentils, et on s'y attachait. Mais, ceux-ci partaient. Car malgré tout le luxe du lieu sa vocation première était malgré tout d'être la salle d'attente de la mort.

Et, il faut être psychologiquement très fort pour supporter cela, en tout cas ne pas être une hypersensible comme moi. Ce qui est, hélas le constat que j'ai pu faire en observant certains collègues, qui à force de s'être «blindés», tombaient dans une extrême inverse. Leur sensibilité étant anesthésiée, ils tombaient dans une indifférence totale, et devenaient ainsi maltraitants. La cadence infernale imposée à ce personnel, également peu formé empirait la situation. J'étais choquée, et impuissante, je les aidais pour certaines tâches, abandonnant un temps mon rôle d'animatrice, qui était plutôt d'accompagnatrice au Cantou. Le rappel à l'ordre incessant de la direction au sujet de la maltraitance, n'empêchait pas les mots et les gestes assassins envers ces personnes complètement vulnérables.

De cette expérience, je souhaite juste que Dieu vienne me chercher avant de vivre de telles choses, et de les faire subir à mon entourage. Ces maladies sont vraiment des malédictions, pour les personnes et les familles. Je croisais un jour, une nièce qui venait de faire 400 km pour voir son oncle qui refusa de l'accueillir…J'avais le cœur compatissant, mais comme

endormie par mes propres difficultés, je n'étais pas en disposition pour avoir l'attitude et les paroles adéquates, seul Dieu a cette capacité…Ainsi que ses enfants remplis de son Esprit, mais combien ont cette faculté???

Un matin de mai, il faisait très beau, les gens du Cantou voulaient se promener à l'extérieur, et sous leur pression je sortis, bien que je manquasse à nouveau de personnes pour m'accompagner. La directrice me voyant sortir seule avec une chaise roulante, et deux personnes debout, me fit rattraper afin que nous rentrions. L'après-midi, nous jouions sur une table à la salle à manger, et la salle était pleine de résidents et de visiteurs. Mon téléphone sonna, c'était Mélanie:

«Allô!!!Maman, j'ai quelque chose à te dire

-Rappelles-moi plus tard, je suis au travail, je n'ai pas le droit d'avoir des appels privés

-Si Maman, c'est trop important, Murielle est morte!!!».

Je me mis à hurler, et partis dans la salle de repos en laissant tout le monde en plan!!!Ma sœur à 49 ans, non c'était trop!!!Elle est morte en dormant, suite à une bronchite, arrêt du cœur comme Gérard.

Le lendemain, je partis en Alsace pour l'enterrement. Lors mon retour, dans ma boîte aux lettres, une nouvelle lettre d'avertissement m'attendait, c'était ma sortie du matin qui était incriminée.

Je compris vraiment là, que j'avais trop perdu, et qu'il était temps de revenir entièrement à Dieu, et que cette région ne voulait décidément pas de moi, et qu'au fond de moi, je ne voulais pas d'elle. Trop de mauvais souvenirs y étaient rattachés. D'ailleurs en deux ans, je ne m'y avais pas fait vraiment d'amis.

Les portes se refermant, je décidais de tourner la page de ce chapitre.

Un hôte ou un couple d'hôtes est chargé du fonctionnement de la maison, ainsi que de son animation et de sa convivialité.

Forme particulière de résidence sociale, les maisons relais sont des habitats communautaires de petite taille associant la jouissance de logements privatifs à la présence de lieux collectifs. Un hôte (ou un couple d'hôtes) est chargé du fonctionnement de la maison, ainsi que de son animation et de sa convivialité.

Ces structures sont destinées à fournir un logement, sans limitation de durée, à des personnes, qui ne peuvent trouver un équilibre de vie dans un logement individuel autonome, en leur permettant de :

- lutter contre la solitude, en offrant une resocialisation par la fréquentation de lieux collectifs (salle de réunion, cuisine, …) ainsi que par des activités collectives (réunions, repas, …)
- assurer une certaine sécurité par la présence de l'hôte
- favoriser le lien social
- constituer, pour ceux qui le peuvent, une étape vers l'accès à un logement individuel autonome

Elles sont destinées à accueillir des personnes à faible niveau de ressources dans une situation d'isolement ou d'exclusion lourde, dont la situation sociale et/ou psychologique, voire psychiatrique, rend impossible, à échéance prévisible, leur accès à un logement ordinaire.

Source Unafam

5*Emmaus

Les compagnons d'Emmaüs, mouvement créé par l'Abbé Pierre en 1949, mouvement de réinsertion sociale, par le biais de la récupération, remise en état et revente d'objets. Ce mouvement est présent actuellement dans le monde entier.

6*Beaucoup de SDF choisissent de vivre dans la rue pour ne pas se défaire de leurs chers amis à 4 pattes, interdits dans les foyers.

7*RMI

Revenu minimum d'insertion, mis en place en 1988, fut remplacé en 2009 par le RSA, revenu de solidarité active. A cette époque ce dispositif ne concernait que les personnes inactives, les travailleurs pauvres étaient lésés, et ce service n'incitait pas vraiment à l'insertion par le travail. En effet, si vous travailliez une seule journée, vous perdiez votre RMI pendant 3 mois.

8*

Ce directeur ne suivait que simplement le règlement, au moment de rentrer, il y avait des places disponibles. A ce moment-là, il y avait plus de demandes de gens prioritaires, et j'en subis les conséquences. Etre propriétaire n'est pas toujours un atout, j'ai entendu des histoires dramatiques de personnes étant obligées de vivre dans leur voiture, quand leurs locataires protégés par les lois, restaient dans leur logement sans payer.

Chapitre 14: Ramer à contre courant

Je commencerais ce chapitre par cette citation anonyme, qui est, il me semble une parole de connaissance:

"Tout progresse et s'améliore avec la pratique. Plus tu apprends à vivre une vraie vie, plus elle devient une partie de toi, et plus tu peux vivre, vibrer et avoir ton essence en elle. Tu ne peux pas stagner, alors accepte de grandir et de t'épanouir librement et joyeusement. Romps les liens qui t'ont gardé confiné dans le passé. Élèves-toi au-dessus de toutes les peurs qui t'ont empêché de t'épanouir et t'ont gardé les yeux bandés, de sorte que tu as été incapable de voir clairement la glorieuse vision qui est devant toi.

Démontre ce que la foi veut dire pour toi et attends-toi à ce que ce qui semble impossible devienne possible. Fais descendre Mon Royaume sur Terre, et apprends à faire Ma volonté et à marcher dans Mon chemin. Peu importe si ces premiers pas sont faibles et hésitants, il faut qu'ils soient faits. Peu importe combien de fois tu tombes. Relèves-toi simplement et essaie encore et encore."

Un mois après le décès de ma sœur, suite aux conseils de mon amie Lucie, je décidais mon retour en Alsace, je n'avais profité de mon nouveau logement que 3 mois. J'envoyais ma lettre de démission. Lucie avait demandé à son église une personne acceptant de m'héberger à mon retour, une dame,

Marguerite se proposa contre l'avis du pasteur, mais cela je ne le sus que plus tard. Cette église accepta de prendre mes affaires en garde-meuble.

Comme c'était l'été, j'avais postulé comme animatrice dans un centre de polyhandicapés en montagne.
Je désirais en effet une expérience nouvelle, histoire d'effacer rapidement tous mes récents déboires.
Il faisait très froid et humide, pas le temps idéal pour des vacances. Chaque animateur avait à sa charge un enfant, la mienne avait 13 ans, et s'appelait Jessica. Elle était née ainsi, ne parlant pas, ne marchant pas, et était entièrement dépendante.
Après une journée de présentation des dossiers, et de formation. Nous partîmes à Paris, toute l'équipe d'animation, d'abord avec le mini bus jusqu'à Strasbourg, puis le train.
Nous arrivâmes à la Gare de l'Est, déjà épuisés. Dans la gare, des cris poignants déchiraient le brouhaha.
Plus nous nous rapprochâmes du point de rendez-vous, plus ces cris étaient forts. Une énorme angoisse me prit à la gorge, quand je réalisais ce qui m'attendait. Le groupe, dont celui qui hurlait était celui qui nous attendait. Les larmes me montèrent aux yeux. Après les demandeurs d'asiles, les gens confrontés à la pauvreté sociale et psychologique, les personnes âgées, une nouvelle malédiction du destin se présentait à moi. Nous prîmes le groupe en charge, et refîmes le trajet dans le sens inverse. Nous arrivâmes tard dans la soirée, après, en plus du voyage harassant, avec les cris de ses enfants angoissés par chaque changement brutal dans leur vie. Nous devions assimiler et pratiquer tous les gestes d'accompagnement, et ceci à vitesse TGV (très grande vitesse). Soient, les transferts, les changes, les toilettes, les attaches de sécurité dans le minibus, les repas, etc…En plus, d'apprendre à nous habituer aux différentes pathologies de nos vacanciers. Après une nuit très courte, je fus confrontée à un autre problème. Jessica souffrait d'une terrible diarrhée, et j'étais dans l'impossibilité de procéder au change. En effet, je ne pouvais que vomir. Comme nous étions solidaires les uns des autres, un autre animateur vint m'aider, mais lui aussi fit des allers-retour aux toilettes. Nous fûmes trois à en venir à bout. Jessica était très reconnaissante et attachante. Bien qu'elle ne parlait pas, ses gestes affectueux, en disait long. Émotionnellement, nous vivions des moments très intenses avec ces jeunes. Dans le lit à coté de Jessica, il y avait une jeune fille de 21 ans, Sarah avec une trisomie 18, et une taille d'un enfant de 5 ans. Je m'occupais également d'elle, quand son animatrice n'était pas disponible. J'étais malade et épuisée, et j'allai chez le médecin, ce mois-là je développa 7 surinfections, dont une que je ne connaissais pas avant. Rhinopharyngite, otite, sinusite, trachéite, laryngite, bronchite et labyrinthite. J'avais des étourdissements terribles, même allongée.
Au bout de trois jours, je demandais au directeur de partir. Celui-ci me dit gentiment qu'il avait vraiment besoin de moi, que lui, avait une sclérose en plaques. Il avait compris que je vivais des moments difficiles, et m'exhorta à rester et à continuer à être combative, que tout le monde avait besoin de moi, et surtout Jessica. Cela faisait tellement longtemps que je ne m'étais pas sentie utile, et je me dis que si, lui supportait une sclérose en plaques, moi je devais bien supporter ces petits « bobos ».
Encore une fois, je réalisais que le malheur des autres, permet de relativiser le sien.
J'avais déjà eu le privilège dû à mon « grand » âge d'avoir une chambre seule, et ne pas être dans le dortoir avec les autres animateurs. Devenir la confidente du directeur, fût pour moi un autre privilège. Il faut dire que nous étions dans un contexte où toute émotion était exacerbée. Je rencontrais un homme vraiment humain, et cela me fit du bien. Hélas, celui-ci fut victime d'accusation par l'hôpital de pratique sexuelle sur la petite Sarah. En effet, pendant sa toilette je

constatais que celle-ci avait une fissure anale, et comme c'est le directeur qui l'emmena à l'hôpital, ce fut lui qui fut soupçonné. Il s'avéra, après enquête que la petite avait eu une canule dans son centre pour handicapés suite aux nombreux symptômes liés à sa pathologie. Puis, ce fût trois jours avant la fin de ce centre que celui-ci partit, son père étant subitement décédé. Plus tard, je lui écris, mais je n'ai eu aucune réponse, c'était un homme marié. Nous terminèrent ce centre avec un goût amer, nous étions tristes pour lui et son remplaçant n'était pas à la hauteur. Et, je quittai ma petite Jessica d'amour le cœur gros. Même si je ne l'ai connue que 15 jours, avec ma carrière d'animatrice où j'ai côtoyé des milliers d'enfants, celle-ci reste gravée dans mon cœur.

À tous les parents qui seront tentés par l'avortement en apprenant que leur enfant sera invalide, n'oubliez pas que c'est un trésor. Je ne vous juge pas, car je sais quel est l'enjeu.

Et, que moi-même au bout de trois jours, je voulais abandonner. Mais, réfléchissez avant de prendre une décision. Chaque enfant quel qu'il soit, handicapé, perturbé, vivant dans un milieu social défavorisé a droit à sa chance sur cette terre!

Marc 10:14:
Jésus, voyant cela, fut indigné, et leur dit : Laissez venir à moi les petits enfants, et ne les en empêchez pas; car le royaume de Dieu est pour ceux qui leur ressemblent.

Suite à cette colo, je m'installais chez Marguerite. Chez elle, il fallait filer droit…J'avais l'impression d'être prise pour une enfant. « Samedi matin tu feras çà, çà et çà ». « Il faudrait que tu cherches un vrai travail », etc…Dans la chambre, il faisait froid, il n'y avait pas de chauffage, elle était au 3 eme étage, et les toilettes au rez-de-chaussée, avec des escaliers très raides. Pour quelqu'un comme moi qui avait besoin d'aller aux toilettes 3 à 4 fois par nuit, voire plus, et qui avait du mal à monter les escaliers, c'était très dur. Mon retour en Alsace se présentait plutôt difficile. Pour fuir Marguerite, et son tempérament despote, je partais en voiture et allais dans la forêt rattraper les heures de sommeil. Celle-ci n'était en effet pas en capacité d'héberger une personne dépressive, car elle-même avait des problèmes. Séparée de son époux alcoolique, elle vivait sur l'espérance de son retour, mais après sa guérison. Très exigeante avec elle-même, donc avec les autres, son attitude n'était pas à l'écoute, mais au jugement.
De mon coté, j'avais très vite trouvé un travail, mais je ne terminai pas la période d'essai, la directrice me trouvant une « mauvaise passe » me conseilla de me soigner, avant de retravailler. Je ne regrettais pas, car ce poste était pénible car justement cette directrice était elle-même « un cas difficile », ayant ses favoris, et des méthodes pédagogiques inadaptées. En rencontrant par la suite ma remplaçante, puis la sienne, j'ai eu les confirmations de mes appréhensions. D'ailleurs celle qui me remplaça tint 6 mois, et fis elle-même une dépression. Donc, je commençai un travail, pendant les vacances scolaires de la Toussaint, puis le mercredi dans la région de Mulhouse dans une galerie marchande. Les parents laissaient leurs enfants à l'espace enfants, pendant que ceux-ci faisaient leurs courses. Le dernier soir de mon contrat, la responsable se disputa avec une cliente, et celle-ci menaça de porter plainte.
Pour la période de Noël, je travaillais à nouveau dans le commerce, dans un marché de Noël réputé de la région. Derrière mon stand, j'avais un petit chauffage, et un tabouret, le salaire était très intéressant. J'étais à nouveau motivée…
Entre-temps, j'étais partie en catimini de chez Marguerite, après un clash car celle-ci m'avait fait une espèce d'ultimatum. En effet, pensant rester chez elle au moins 6 mois, le temps de me refaire une santé, et me stabiliser professionnellement. Celle-ci me dit qu'elle allait héberger une étudiante étrangère, avec rémunération pour le loyer. (Alors qu'étant elle-même locataire dans une HLM*,

elle se mettait dans l'illégalité). Elle me laissa la chambre, hébergea la jeune Autrichienne dans la sienne et s'installa au salon.

Cette situation me mettait très mal à l'aise, et mon seul réconfort à l'époque était mon amie Lucie, qui m'avait fait revenir en Alsace.

Mais avec elle aussi, c'était compliqué. Après avoir été ma subalterne autrefois au travail, là elle profitait de ma situation de faiblesse pour tenter d'avoir de l'ascendant sur moi. Par exemple: «comme Marguerite t'héberge, tu devras aller dans notre église», elle fit appel à moi pour garder ses deux enfants pénibles, et d'ailleurs un jour je m'endormis sur le canapé, tellement, j'étais fatiguée. Je sentais qu'elle voulait m'imposer de plus en plus ses choix, et je ne la supportais de moins en moins.

Je pris mes distances, jusqu'à une totale rupture, quelques années plus tard.

Beaucoup de personnes, sous prétexte d'aider quelqu'un, ont tendance à vouloir avoir une certaine emprise sur celle-ci. Et attendent en retour quelque chose. Alors que cela doit être un don gratuit, sans attendre en retour, si c'est fait avec amour.

Pour l'hébergement, j'avais trouvé un foyer d'insertion sociale, pour sortants de prisons ou des gens à la rue. Après avoir été, de l'autre côté de la barrière, je me retrouvais bénéficiaire…

Le choc fut rude, eh oui, ne nous moquons pas de ceux qui sont dans la déchéance, car cela peut arriver à tout le monde…

Le directeur était un des enfants d'une de mes premières colos en tant qu'animatrice. Mais je n'ai pas eu de traitement de faveur pour autant, je me retrouvai dans une chambre de deux, ayant des problèmes chauffage et j'étais frigorifiée. De plus la fille qui dormait avec moi, était une demandeuse d'asile traumatisée, qui allumait la lumière à 5 heures du matin à cause de ses crises d'angoisse. Je souffrais de cet éblouissement, je compris plus tard que c'était un des multiples symptômes de cette maladie dont je souffrais et qui n'avait pas encore de nom.

Nous mangions dans un réfectoire, et les tâches étaient partagées. Notre tour et notre corvée étaient inscrits sur un tableau. Ceux qui travaillaient, et ceux qui étaient malades étaient assez épargnés, mais pour les autres c'était autre chose… Comme je travaillais pour la période de Noël, je ne vis pas de suite ce qui m'attendait.

Je toussais beaucoup, mais j'étais heureuse de travailler, d'être à nouveau autonome financièrement et de retrouver peu à peu ma dignité. Car après avoir vécu la pression de Lucie et Marguerite, je devais subir au foyer une autre ambiance. Heureusement, que le week-end j'allais dormir parfois chez mes amis marionnettistes qui habitaient très loin de mon marché de Noël.

Dans ma chambre, la demandeuse d'asile fût remplacée par une délinquante, qui venait dans la chambre avec son copain, un sortant de prison; celui-ci cherchait des noises à tout le monde, et des fois juste pour un seul regard. Un jour il me menaça de me faire la peau, juste pour une remarque que je lui avait dites, notamment qu'il n'avait pas le droit d'entrer dans les chambres des filles, et bien sûr la mienne.

Quoique certains éducateurs, eux ne se gênaient pas. Ils rentraient sans frapper pour chercher celles qui devaient venir faire leurs corvées. À table, l'ambiance était lourde, il y avait beaucoup de rivalité et de racisme. Les soirées se partageaient entre parties de cartes dans une salle enfumée, ou devant la télé avec le programme imposé par le premier venu, ou celui qui avait la plus grande g… Nous avions un entretien par semaine avec notre éducateur référent, mon cas n'étant pas désespéré celui-ci écourtait la discussion par un coup de fil personnel soi-disant urgent.

Heureusement au bout de trois mois j'obtins une chambre seule et mieux chauffée, que je pouvais arranger à mon goût.

Pour le travail, j'avais faits des recherches pour postuler à nouveau à la galerie marchande, et grâce à Dieu, le directeur de la galerie, ne voulait plus reprendre l'ancienne équipe d'animation et était prêt à ne pas renouveler l'espace enfants, sauf si j'étais embauchée, car il avait apprécié ma façon de travailler.

Donc, ne travaillant qu'une journée par semaine, et ma maladie n'étant pas encore reconnue, j'ai eu droit aux séances de corvées au foyer. Pour cela, je devais les faire très tôt. Ce qui était très dur pour moi, car je passais des nuits blanches, et je devais me lever au moment où mon corps commençait à se reposer. Je souffrais terriblement, au point d'en pleurer. Malgré mes plaintes, rien à faire, on me laissait les corvées les plus pénibles, le ménage de grandes parties de bâtiments. Jusqu'au jour où, une des éducatrices me vit faire un malaise, et compris que ce n'était pas du pipeau.

Au printemps, je pris rendez-vous chez ce professeur qui me diagnostiqua la fibromyalgie.

Suite à cela, on me donna des corvées moins pénibles comme mettre la table, ou faire la cuisine.

Pendant cette période difficile, Dieu m'envoya des anges pour me consoler, une sœur de l'église de la Porte Ouverte eut à cœur de faire en bénévolat, des ateliers de loisirs créatifs, elle ne savait pas que j'étais là, et en fût surprise. Elle m'emmena à l'église pour me ressourcer, ainsi qu'une autre résidente d'origine Hindoue. Hélène, la fidèle venait aussi me voir et me consoler.

Parmi les éducateurs, ils y en avaient qui n'étaient pas à leur place. Surtout un, qui méprisait les résidents, et était même sadique. Quand on se retrouve dans cette situation, c'est déjà très dur à vivre. On a été broyé par la vie, et on a perdu énormément d'estime de soi. Donc, on a besoin d'accompagnants qui nous aident à reprendre confiance, en soi, en les autres, en la vie.

Et déjà, quand tu arrives là, on te prend tes médicaments au bureau, et tu dois faire la queue pour les chercher matin et soir. C'est terriblement infantilisant, je peux comprendre qu'ils agissent ainsi avec des toxicomanes. Mais pas l'appliquer à tout le monde, mais bon c'est le règlement... En parlant de règlement, je comprends que beaucoup de SDF préfèrent la rue, à cause de ces règlements que l'on exige à observer par des éducateurs qui ne nous respectent même pas.

Celui qui était sadique se plaisait à te prendre dans son bureau, pour te faire la morale, en te détruisant psychologiquement pour un point que tu aurais soi-disant dérogé, alors que son collègue t'avait donné une permission. Et cela juste à cause d'un manque de communication dans l'équipe.

Quand je partis, j'écrivis une longue lettre au directeur lui expliquant tous les dysfonctionnements. Et surtout, le point de vue de quelqu'un qui avait une bonne connaissance des deux côtés de la barrière, surtout tout ce qui concernait la dignité humaine.

J'espère qu'elle porta ses fruits.

Pour sortir de cette situation délicate, je n'avais qu'une seule solution: Vendre mon appartement, celui-ci me coûtait 700 euros de charges par trimestre, et le loyer que je touchais recouvrait juste mon remboursement de prêt. Au foyer, on donnait 20% de ses revenus. Heureusement, mes locataires étaient des chrétiens qui comprenaient mes difficultés, et déposèrent un dossier aux HLM qui aboutit rapidement. Il est en effet plus facile de vendre un appartement vide qu'avec des locataires.

Ayant déposé un dossier de surendettement à la Banque de France, je décidais de liquider mes dettes à cette vente, et me racheter quelque chose de plus petit prés de mon travail. Je trouvai un acheteur, et un appartement assez facilement. Mais pour des tracasseries administratives provoquées par le notaire, à cause d'histoires de succession**, je dus «récupérer» l'acheteur, en lui proposant une baisse du prix.

Tout ceci fit traîner les choses pendant plusieurs mois.

Au bout d'un moment, fatiguée des conditions de vie au foyer, je fis du «camping» dans mon appartement quasiment vide. C'est seulement début décembre que je pus m'installer dans mon nouveau nid, soit un deux pièces. Mon retour à une vie «normale» dura donc plus d'un an. Et ceci se fit, évidemment avec la prière.

- **Il est cher le prix du péché!!!Donc, maintenant, je sais que l'on ne joue pas avec Dieu, car il est un Dieu juste et, à dire à ceux qui usent et abusent de la grâce et de l'hyper grâce.**
- *Jean 16 : 8 Et quand il sera venu, il convaincra le monde en ce qui concerne le péché, la justice, et le jugement*
- *1 Pierre 4 : 17 Car c'est le moment où le jugement va commencer par la maison de Dieu. Or, si c'est par nous qu'il commence, quelle sera la fin de ceux qui n'obéissent pas à l'Évangile de Dieu ?*
- *Daniel 9 : 11 Tout Israël a transgressé ta loi, et s'est détourné pour ne pas écouter ta voix. Alors se sont répandues sur nous les malédictions et les imprécations qui sont écrites dans la loi de Moïse, serviteur de Dieu, parce que nous avons péché contre Dieu.*
- **N'oublions pas que le peuple d'Israël a tourné 40 ans dans le désert, à cause du péché et du manque de confiance en Dieu. Et, beaucoup sont morts.**

HLM*: habitation à loyer modéré
succession**: En effet, mes parents m'ayant fait une donation au moment de l'achat de l'appartement, sans demander « l'autorisation » à mes frères et sœur, je devais demander à mon frère Arthur, et tous mes neveux, dont les fils de Gérard dont je n'avais aucune nouvelle depuis sa mort en 1996, si j'avais le droit de le vendre!!!

Chapitre 15: Bénédictions (Les enfants d'abord)

Dans le chapitre 16, je vous parle de ma 3eme entreprise, les « Bijoux d'Agnès», que je fis pendant un an en auto-entreprise, et que j'arrêtai* pour me consacrer entièrement à ma nouvelle activité, enfin pas si nouvelle, puisqu'en revenant de l'Aisne en 2006, j'avais commencé à travailler pendant les vacances scolaires de la Toussaint comme animatrice dans une galerie marchande, dans un espace enfants.
Je travaillais d'abord les mercredis, puis les samedis, j'étais responsable et Latifa était mon animatrice, et le siège de l'entreprise était à Paris.
Donc, je gérais presque tout sur place, le travail consistait à faire des ateliers de loisirs créatifs avec les enfants, pendant que les parents faisaient les courses, nous avions un espace fermé et sécurisé au milieu de la galerie marchande, et les parents inscrivaient leurs enfants pour ¾ d'heure, le temps de faire leurs courses. J'aimais les loisirs créatifs, et quel bonheur de faire de sa passion son métier, c'est une vraie chance.
De fin 2006, à fin 2009, nous travaillons pour une entreprise dont le patron était plus un businessman qu'un homme de terrain. J'avais de plus en plus de difficultés avec le siège. Salaires en retard, erreurs et commandes arrivants trop tard. Nous avions à peine la visite des cadres deux fois par an, notre site ayant la réputation de rouler tout seul. En effet, quand une de nous deux était

absente, ce qui était très rare, je trouvais moi-même une remplaçante. Nous avions une très bonne affluence. Le samedi, nous nous trouvions souvent débordées, et refusions systématiquement des enfants. Nos bricolages étaient très appréciés, et nous adaptions pour les plus petits, en préparant et simplifiant, et nous faisions aider les grands aux petits, ce qui les valorisaient. Nous faisions des bricolages plus sophistiqués et plus longs, les mercredis car nous avions moins d'enfants. Nous recevions ainsi une centaine d'enfants en moyenne par semaine, nous avions des habitués, mais également des enfants de passages que nous avons accueillis une seule fois. Chaque parent remplissait une fiche d'inscription, et signait une feuille d'émargement. C'est comme cela que je peux vous dire que plus de 4000 enfants sont passés chez nous en 9 ans.

Avec toutes les difficultés avec le siège, je reçois un jour un coup de fil de collègues de Paris qui faisaient un appel à la grève. Chaque fois que je téléphonais au siège, le cadre était différent. Autant chez nous cela se passait bien, là-bas c'était plutôt l'enfer. Fin 2009, je proposai à la galerie marchande de reprendre à mon compte l'espace. Étant bien vue par la direction de la galerie, ils acceptèrent mon projet. Ce qui fût bien inspiré par Dieu, puisque l'entreprise de Paris déposa le bilan au même moment.

Je m'entendais bien avec Latifa, et j'engageai également Aïcha une chrétienne, pour les remplacements, notre trio fonctionna à merveille pendant 4 ans et demi, jusqu'à la décision du propriétaire de la galerie de changer d'espace. Il faut dire que j'ai eu deux malaises en été, car nous étions sous une verrière, et malgré la climatisation, nous avions trop chaud à cet endroit.

Nous organisions également des concours de dessins, et des journées récréatives.

«Les enfants d'abord» c'était vraiment dans le plan de Dieu.

Chapitre 16: Piège du Diable, ma vie pendant 4 ans avec un Manipulateur à double visage

- SÉDUCTION

Je n'étais pas guérie de mon histoire amoureuse et douloureuse, avec Thierry celui-ci, qui 3 ans avant (ce simulateur, fabulateur) m'avait laissé en miettes.

Je ne cherchais pas à refaire ma vie, mais Idir m'est tombé dessus sans prévenir, il m'a joué le grand jeu, j'étais la femme de sa vie, son idéal féminin. Il se disait chrétien et m'a raconté que sa fille avait eu en songe le fait qu'il rencontrerait une blonde (j'étais blonde à l'époque). L'esprit de séduction m'a happée, et pourtant je me pensais aguerrie.

Avec du recul, j'ai comme l'impression d'avoir été comme dans un guet-apens, sans avoir le temps de réfléchir. Son insistance, ses compliments m'ont enlevé toute résistance. La séduction, accompagné de manipulation, c'est un esprit très puissant !

En tant que chrétienne, après être tombée dans ses bras, je me suis sentie obligée de me mettre en règle devant Dieu, et j'ai donc cédé à sa demande en mariage, résultat, il était arrivé en France en janvier, en février, premier contact par mail , c'était le beau-père de l'ami, de mon ami Ischem.

En mars, il y eut un premier contact téléphonique, sa voix était forte et ne me plaisait pas, mais bon, comme je devais venir voir ma fille à Paris, pourquoi pas le rencontrer en même temps ? Ce qui s'est fait en avril. En mai, il s'installait chez moi, et en août le mariage se décidait.

- MANIPULATION

Pour arriver à ses fins, tout a été bon, promesses, compliments, désir brûlant, chants, poèmes, de toute façon la manipulation va de pair avec la séduction .
Nous avions déjà des accrochages sérieux et multiples. Je l'avais prévenu que je ne serais jamais une femme soumise à la manière islamique, et que si, dans son pays, il avait toujours été le pacha, entre ses 6 filles et ses deux femmes (un décès précoce de la première à 42 ans d'un cancer du sein, et un divorce après 8 ans de vie commune, avec la seconde, décédée ensuite à 56 ans d'un cancer du sein….), plus ses secrétaires au boulot où, d'après ce que j'ai compris, le harcèlement sexuel était considéré comme « légitime ». Il n'était pas question que cela se passe ainsi pour moi. Je travaillais, bien que malade, et lui restait à la maison. J'estimais donc qu'il devait se rendre utile. Hélas, rien n'y faisait. La veille du mariage, après une grosse dispute, je téléphonais donc à sa fille, celle qui devait venir pour être notre témoin, qu'elle devrait annuler son voyage parce que je ne voulais plus me marier. Mais celle-ci ayant de qui tenir en matière de manipulation m'a « baratiné » : « et patati…et patata….Tu l'aimes, non ? ….. alors???? ». Tant et si bien que le lendemain, j'avais mon alliance au doigt, alliance que je n'ai pas gardée longtemps, car avec la fibromyalgie, impossible, je ne la supportais pas.

• INTIMIDATION

Donc, quand la manipulation ne marchait pas, car j'étais une vraie tigresse- d'ailleurs, il me surnomma « l'ogresse » -, pas question de me laisser faire, quand j'estimais qu'il abusait d'alcool, de paresse, de regards vers les autres femmes, de paroles abaissantes à mon égard (idiote, la folle, etc…). Ma susceptibilité ne faisait qu'un tour, car on ne rigole pas avec certains mots, alors Monsieur entrait dans des colères terribles, hurlait, et devenait menaçant, provoquant chez moi-même des crises de larmes, dont il n'avait absolument aucune compassion, et surtout aucun regret d'avoir été trop loin. Il était satisfait d'avoir affirmé son « autorité despote ».

• VICTIMISATION/CULPABILISATION

Quand nous étions avec d'autres personnes Idir se plaignait sans arrêt du fait qu'à cause de ma maladie, il ne pouvait pas se promener avec sa femme, car j'étais toujours fatiguée.
Il se plaignait que je ne voulais jamais faire l'amour, qu'il était frustré… Bon, 3 fois par semaine, pour quelqu'un d'épuisé et que chaque rapport était une douleur terrible, pas facile à vivre, je souffrais mais c'était lui qui était à plaindre. Sans compter la honte de voir ma vie intime déballée ainsi, mais lors d'une hospitalisation, il a fait son cirque avec les médecins. Quand les médecins lui expliquaient ce qu'était la fibromyalgie, lui rétorquait (comme il le faisait avec moi) que lui aussi était malade, (le diabète, qui a été d'ailleurs aussi diagnostiqué chez moi ensuite). Bref, il était incapable d'écouter, il ramenait tout à lui, pauvre petit «Calimero». On a tenté une thérapie de couple, il a étalé tous ses ressentiments, ceux qu'il me déballait sans arrêt.

Aucun dialogue possible, c'était moi le «monstre».

Dans la voiture, il dit:«
on ne viendra plus, cela ne sert à rien». Une fois rentrée, je me suis couchée et j'ai pleuré plusieurs heures, je ne voyais aucune issue. On a essayé une autre thérapie avec le couple pastoral, celui-ci était très pessimiste pour l'avenir de ce couple. Là, pareil, il ne voulait pas suivre cette « thérapie », c'est moi qui allais voir seule la femme du pasteur.

• LA VIE AU QUOTIDIEN

En plus de mon travail, je devais l'aider à trouver du travail, je donnais les coups de fil, je faisais les recherches sur internet, etc… J'ai créé ma 3 eme entreprise: « Les bijoux d'Agnès», le samedi je travaillais comme animatrice dans la galerie marchande, et le dimanche nous installions le stand dans les fêtes de rues et les brocantes. Enfin j'installais les bijoux, pour lui donner un travail, mais c'est moi qui les fabriquais, il n'avait qu'à les vendre, enfin je l'aidais, car ce n'était pas son métier.
L'après-midi, je m'écroulais de fatigue, et m'installais dans la voiture, dans l'inconfort et le bruit, je

sortais de là exténuée, et évidemment le chiffre d'affaires n'était pas fameux, bien sûr c'était moi qui remballais les bijoux, sinon il en faisait des sacs de nœuds.

En 2010, je venais de créer mon entreprise « Les enfants d'abord » , et avais beaucoup de soucis comme ceux qui démarrent une entreprise, et dès que j'avais une facture, au lieu de m'encourager, c'était: « on ne s'en sortira jamais, tu n'aurais pas dû, etc… » . Quand je travaillais sur l'ordinateur, il venait toutes les deux minutes me demander un truc qu'il m'avait demandé 5 minutes auparavant, mais bon, c'était moi la méchante, car je perdais patience d'être sans arrêt déconcentrée.

Pourtant, je faisais bouillir la marmite, d'ailleurs en parlant de marmite, je travaillais à l'extérieur, les mercredis et samedis, dans la galerie marchande. Je rentrais épuisée le soir à 19h30, et la table non mise, il me demandait: « on mange quoi ce soir?« , du coup c'est moi qui cuisinais…. Et malgré tout, je n'avais pas la liberté de dépenser cet argent gagné comme je voulais, il voulait garder le contrôle sur tous mes achats. Je me rappelle d'une scène qu'il m'a faite pour une plante achetée 2 euros pour le jardin, il a lancé une malédiction sur cette plante, elle est à l'heure actuelle une des plus belles du jardin !!! (dernièrement il m'a montré une chevalière en or achetée 450 euros, donc son rapport à l'argent me semble plus que suspect.)

- RAPPORT AUX AUTRES

Il a fait plusieurs expériences sociales, bénévolat, travail, activités dans des associations, du covoiturage, elles ont toutes abouti à des échecs, mais, selon lui, il ne rencontrait que des idiots, et des pestes, incapable de se remettre en question lui-même et chaque expérience aboutissait à une rupture, mais ce sont toujours les autres qui ont tous les torts. … Il mérite la médaille d'or de la mauvaise foi.

Et, pourtant plusieurs personnes auraient pu porter plainte pour harcèlement sexuel.

- ALORS POURQUOI ?

Des fois, l'abus de solitude nous pousse à faire des bêtises et nous pousse dans les bras du premier bonimenteur venu.

« Alors pourquoi ? », me direz-vous, t'es-tu mariée, alors qu'il y avait déjà des problèmes ? Hé bien, comme il m'avait dit qu'il était chrétien, je me disais que cela devrait s'arranger avec le temps, la prière, la communion fraternelle… Et je voulais être en règle avec Dieu .

- DÉGRADATION DES RAPPORTS

Je prenais de plus en plus de médicaments, et en subissais les effets secondaires, et faisais lors de nos scènes de ménage, des crises de larmes terribles, puis des genres de crises d'épilepsie, où je tombais sans pouvoir bouger pendant de longues minutes, mais restais consciente. Ou encore pire, je débitais comme un disque rayé des phrases, je ne sais plus lesquelles, et tombais immobile pendant de longues minutes, mais lui, au lieu de venir à mon secours, me criait dessus croyant que je faisais du cinéma, puis partait. J'aurais pu porter plainte pour non-assistance à personne en danger.

Lors d'un des premiers séminaires avec Michelle, elle a parlé des fausses conversions, et j'ai été éclairée. Car mon mari se disait chrétien, mais vivait pire qu'un païen, et ma propre vie spirituelle en pâtissait. Un jour il a décrété qu'on ne pouvait plus prier ensemble, car j'étais une mauvaise chrétienne, et à partir de là, j'ai compris que c'était fichu. Je décidais de ne pas rentrer immédiatement à la maison : ma fille qui m'hébergeait à Paris avait été opérée de son bras et avait besoin de moi.

Il y avait encore un séminaire de prévu auquel j'ai assisté, mais ensuite, les vacances étant terminées, j'étais bien obligée de rentrer.

Alors, j'étais bien « regonflée » spirituellement, mais lui était de plus en plus invivable : quand je rentrais du travail, et que j'allais sur mon ordi, je tombais sur les historiques, découvrant que Monsieur était addict à la pornographie. Idir regardait le soir la télévision, et rouspétait quand je toussais, car le bruit le dérangeait. Quand cela tournait trop au vinaigre, il partait plusieurs jours chez une de ses filles, ne donnait pas de nouvelles, puis revenait chez moi sans prévenir.

- L'ISSUE

J'avais mis ma foi en Dieu, je me disais qu'il allait changer, je l'espère toujours d'ailleurs, nous avons gardé le contact, j'ai eu une promesse de Dieu, mais pour moi, pour ma vie spirituelle, j'ai préféré mettre un terme à cette relation toxique. Ma vie était en danger, j'abusais des médicaments pour dormir et oublier, et surtout moins souffrir. Les symptômes de la fibromyalgie se sont multipliés avec le stress, et lui me mettait en stress vingt-quatre heures sur 24.(cf; tome 2 pour la présentation de cette maladie)

Un jour, il est parti chez une de ses filles, et m'a dit « je reviens tel jour », il ne donna pas de nouvelles, le lendemain du jour prévu, je suis allée à la police déposer une main courante pour abandon du domicile conjugal, et en même temps pour tous les abus et comportements méchants. La police m'a dit que s'il me faisait à nouveau des misères, je ne devrais pas hésiter à les appeler. Je n'ai pas eu besoin de faire, les voisins s'en chargèrent car ils pensaient qu'il me battait, donc ils le signalèrent à la police.

Mon mari n'avait pas d'autre choix que de s'éclipser.

CE QUI M'A SAUVÉE, C'EST ÉVIDEMMENT LA FOI, LES DÉLIVRANCES QUI M'ONT FORTIFIÉE. JÉSUS ÉTAIT TOUJOURS À MES CÔTÉS ET M'A GARDÉE ; ET SURTOUT, J'AI RÉSISTÉ, JE N'AI JAMAIS ACCEPTÉ LE TYPE DE SOUMISSION (de fait, d'écrasement et d'abdication de ma propre volonté) QU'IL AURAIT AIMÉ M'IMPOSER. TANT PIS SI C'ÉTAIT TOUJOURS CONFLICTUEL, MAIS JE N'AI JAMAIS PLIÉ FACE À SON MACHISME MÉPRISANT. Car cela venait du Diable.

Luc 4:18:

*L'Esprit du Seigneur est sur moi, Parce qu'il m'a oint pour annoncer une bonne nouvelle aux pauvres; Il m'a envoyé pour guérir ceux qui ont le cœur brisé, Pour proclamer aux captifs la délivrance, Et aux aveugles le recouvrement de la vue, **Pour renvoyer libres les opprimés.***

Nous nous sommes quittés en pleurant dans les bras de l'un et l'autre, mais moi, après tout cela, mes sentiments ont disparu. Ce qui me reste, c'est plutôt de la pitié, car je sais qu'il est prisonnier de lui-même, et que seule une repentance sincère le sauvera, car il a créé lui-même son puits de solitude.

Galates 6.7-10:

7 Ne vous y trompez pas: on ne se moque pas de Dieu. Ce qu'un homme aura semé, il le récoltera aussi.

8 Celui qui sème pour satisfaire sa nature propre récoltera d'elle la ruine, mais celui qui sème pour l'Esprit récoltera de l'Esprit la vie éternelle.

9 Ne négligeons pas de faire le bien, car nous moissonnerons au moment convenable, si nous ne nous relâchons pas.

10 Ainsi donc, pendant que nous en avons l'occasion, pratiquons le bien envers tous et en particulier envers nos proches dans la foi.

Sans Dieu et l'aide de chrétiens, je ne sais pas si je me serais sortie de cette impasse, peut-être que je serais morte aujourd'hui. Une dose de médicaments en trop ou une tentative de suicide. Aujourd'hui, je suis seule mais entourée d'amis, j'ai grandi en sagesse, je suis fortifiée, j'ai acquis du discernement, et reconnais vite les abuseurs et MPN.

4 eme partie
Et maintenant?

Chapitre 17: Retour à la liberté du Christ et engagement comme servante de Jésus.

« Surmonter son chagrin, ce n'est pas oublier son passé, mais se rappeler qu'il y a un avenir ».
De séminaires en séminaires, j'ai vu Dieu agir dans ma vie spirituelle, mais aussi dans ma vie de tous les jours, être serviteur de Dieu est loin de tout repos, après trois séminaires qui m'ont ouvert les yeux sur ma position spirituelle désastreuse, à cause d'un mariage qui n'avait pas été de la volonté de Dieu, mais une illusion, (la soi-disante révélation de sa fille) .
Je stagnais dans ma marche avec Dieu, la maladie avait trop d'emprise sur moi, et mon travail me prenait beaucoup de temps, j'étais dans un état permanent de péché, car dans l'énervement, la colère, et l'impureté.
Après le deuxième séminaire, une première séparation me permit d'avoir une nouvelle relation avec mon Dieu, dans le calme et la sérénité, mais dès que je revenais, ou qu'Idir revenait l'enfer recommençait, la séparation définitive me permit de retrouver le calme, et je pouvais enfin commencer le processus de reconstruction. On était en 2012, mon entreprise allait bien, je m'épanouissais au travail, et je recommençais à vivre. La maladie était toujours là, et j'ai eu une grosse crise au niveau de la vésicule biliaire qu'on a dû m'ôter, et la morphine n'agissait pas. J'avais eu des complications, c'était un sac de nœuds et le chirurgien avait dû mettre une mèche, puis je souffris de manque, car le traitement que l'on me donnait habituellement était un opiacé.
Rentrée chez moi, je décidais d'arrêter progressivement mon traitement au Tramadol, et je n'ai eu plus d'effets secondaires, comme le genre de crises d'épilepsies que j'avais eu avec Idir. J'appris à gérer la douleur autrement, en veillant à une vie sans stress, et en prenant des antalgiques plus classiques, et des soins comme les massages et la balnéothérapie.
Le travail m'empêcha d'aller aux séminaires, pendant 4 années, mais je me nourrissais avec la parole, et les enseignements sur internet, entre le travail et la maladie, je ne pouvais pas avoir une vie sociale et cultuelle. J'étais dans le désert, mais cette période m'a aidée à grandir spirituellement, car il n'y avait que moi et Jésus.
En 2014, j'appris que des grands travaux étaient prévus dans la galerie marchande pour 2015.
Je me préparai financièrement à ne pas travailler pendant plusieurs mois, et me consacrai pendant cette période à m'occuper de ma santé, en recommençant les cures thermales, et les séminaires, je me rendis compte pendant cette période que j'arrivais mieux à gérer la maladie sans travailler, et les séminaires m'ont fait très vite évoluer, d'être servie, je devenais servante. Et quand, je vis dans la galerie marchande, que le nouvel espace enfants était inexploitable pour mon activité (manque de sécurité, manque d'infrastructures).
Alors, je compris que Dieu me voulait, maintenant ailleurs, il voulait que je devienne sa servante dans la prière, l'intercession, et d'autres activités encore qui m'attendaient pour le servir. Je devais pour cela continuer mon processus de guérison, le fait d'avoir beaucoup souffert, il me donna un cœur de compassion pour tous ceux qui ont comme compagnons du quotidien, la maladie, le rejet,

l'envie de mourir, la haine de soi, la culpabilité, etc…Il me rendit mon onction prophétique, et également d'autres dons…Ayant eu une parole, comme quoi j'enseignerais, le fait d'être alitée, je consulte beaucoup de choses, afin d'être le plus possible informée de ce qui se passe dans le monde, afin de nous préparer à l'avenir…

Cette exhortation fût mon moteur pour ce nouveau départ:

"Tout progresse et s'améliore avec la pratique. Plus tu apprends à vivre une vraie vie, plus elle devient une partie de toi, et plus tu peux vivre, vibrer , avoir ton essence en elle. Tu ne peux pas stagner, alors accepte de grandir et de t'épanouir librement et joyeusement. Romps les liens qui t'ont gardé confiné dans le passé. Élèves-toi au-dessus de toutes les peurs qui t'ont empêché de t'épanouir et t'ont gardé les yeux bandés, de sorte que tu as été incapable de voir clairement la glorieuse vision qui est devant toi.

Démontre ce que la foi veut dire pour toi et attends-toi à ce que ce qui semble impossible devienne possible. Fais descendre Mon Royaume sur Terre, et apprends à faire Ma volonté et à marcher dans Mon chemin. Peu importe si ces premiers pas sont faibles et hésitants, il faut qu'ils soient faits. Peu importe combien de fois tu tombes. Relèves-toi simplement et essaie encore et encore."

Jusqu'à présent, j'avais toujours été à « fleur de peau », toujours sur la défensive. Prête à contre-attaquer, en cas d'offense. J'ai appris à sortir de ce cercle infernal, Je me suis affranchie de cet état de victime. Ce besoin de créer une carapace, pour me faire valoir, n'est pas dans la volonté de Dieu. Il m'a délivré, et si quelqu'un veut m'atteindre, je m'attache à cette parole:

Ephésiens 6 : 12:

Car nous n'avons pas à lutter contre la chair et le sang, mais contre les dominations, contre les autorités, contre les princes de ce monde de ténèbres, contre les esprits méchants dans les lieux célestes.

Le ressentiment et le manque de pardon, génèrent toutes sortes de maladies mentales, mais aussi physique.

C'est même scientifiquement reconnu, la colère créée du cortisol, vrai poison, pour le corps.

Chapitre 18: La fleur et le bourdon (la maladie)

Si, j'ai ressenti le besoin de vous raconter ma vie, c'est non seulement pour vous donner mon témoignage, mais également pour faire remonter à la surface toutes les souffrances qui ont été enfouis dans l'inconscient, mais qui avaient bien existé, et qui après avoir été oublié par le cerveau, se sont projetés à travers le corps via les maladies. En ce qui concerne les maladies, comme je le disais déjà, j'ai eu une grosse crise d'eczéma à l'âge de 3 mois suite aux vaccins, ensuite j'étais très maigre, et me plaignais souvent du ventre, et du dos, à la puberté, j' ai développé de la spasmophilie, avec des crises de tétanie, ensuite un kyste synovial à la main gauche, puis la dépression s'est installé progressivement, avec des épisodes aigus, ce qu'ils ont appelé des dépressions réactionnelles, mais dans le dossier médical appelé névrose hystérique.

Au moment de prendre la pilule, je commençais à prendre du poids, puis après chaque grossesse, je gardais le poids en surplus , au fur et à mesure de mes déceptions sentimentales, c'est comme si je créais une carapace de protection, avec des crises de compensation alimentaires dès que j'étais contrariée, puis les sept kilos que je pris en un an à l'arrêt du tabac, puis les médicaments qui me faisaient grossir, petit à petit d'une maigreur importante à l'enfance, une jeunesse où mon corps était dans la norme, je passais progressivement à une obésité morbide. Celle-ci s'accentua au cours des années, mais prit vraiment un bond suite à mon accident de 2003, dont je parle au chapitre 13. Ce syndrome de protection je lui ai donné cette signification: les hommes me prennent pour un jouet, ils me déçoivent, donc je vais enlaidir mon corps pour ne plus plaire, afin de ne plus être déçue. Ils m'aimeront pour moi-même!!!Bon, je crois que je me suis un peu trompée sur le coup, car il y des obsédés sexuels attirés par les vieilles et les grosses!!! Dixit: Idir….

Au fur et à mesure des années, les bronchites devenaient de plus en plus virulentes, au point d'être suivies par des trachéites si fortes que j'en crachais du sang.
Puis une incontinence inexpliquée, même par un grand professeur de Strasbourg qui me renvoyait en larmes, car au lieu d'avouer son incapacité de trouver la raison de cette incontinence, me fit passer pour une simulatrice, comme si on pouvait simuler une telle chose.
Le mal de dos de plus en plus intense, on le qualifia pendant des années de syndrome du canal rachidien.
L'énorme fatigabilité, les douleurs partout, les entorses qui récidivaient, les maux de ventre et les autres troubles que l'on mettait sur le compte de la dépression: « mais tu t'écoutes de trop, c'est normal que tu aie mal, tu es dépressive, va voir ton psy. »
Les psys, parlons-en, j'en ai fait le tour, des heures et des heures à raconter, et raconter encore, et aucun résultat.
Comme je l'ai écrit, c'est la création qui m'a sauvé, quand j'étais hospitalisée, c'est de voir des cas pire que le mien qui m'aidait à relativiser. Dans mon cas, au lieu de me bourrer de psychotropes, on me faisait un sevrage complet, les médecins ayant conscience de mon hypersensibilité aux produits chimiques.
En effet un jour, je me mis à prendre une barrette de lexomil, qui me mit dans un état inconscient, et où j'en pris d'autres. Comme j'étais avec mon petit ami de l'époque qui ne leva pas le petit doigt, car drogué, il pensait que je le faisais dans le but de faire un « voyage ». Après avoir reçu un coup de poing, je me fis hospitaliser, après un trou noir de 48 heures dans ma vie.
Quand je vois que c'est la dose journalière de certains patients, je me rends compte à quel point, ils sont dans une prison chimique.
Je ne sais pas ce qui s'est passé pendant ces 48 heures, et ce petit ami drogué et pratiquant également le yi-king (divination chinoise) a sûrement contribué à l'apparition d'autres symptômes .
En août 2006, à mon retour de l'Aisne, Hélène qui avait la fibromyalgie* et se battait pour la reconnaissance de cette maladie, me décrivait ses symptômes, et je me dis que les miens étaient similaires. Je fis des recherches sur internet, et trouvai un professeur à Strasbourg qui faisait l'examen clinique de cette maladie. Je pris rendez-vous, et après des années d'errance médicale, j'avais enfin un nom sur ce qui me faisait souffrir. Cela me soulagea, enfin, on ne me prendra plus pour une hypocondriaque. Mais il faudra aussi apprendre à vivre avec une maladie chronique que l'on ne sait pas comment soigner, et quelle est son origine. Et, aussi le fait qu'il faudra aussi se battre, car encore beaucoup de médecins sont dans l'ignorance, et un autre combat commença. D'où peut bien être l'origine de cette maladie mystérieuse, et de plus en plus répandue, et comment soulager les symptômes? Ou maladie de lyme? Les tests en France étant insuffisants.

Humainement, il n'y a que deux alternatives, prendre des médicaments très puissants qui eurent des conséquences dévastatrices (cf. Chapitre 16), ces médicaments étaient le Tramadol et l'Acupan; le premier est un dérivé de l'opium, le 2 eme est un anesthésiant pris à petite dose. La deuxième alternative ce sont les soins naturels, mais ceux-ci sont souvent des soins occultes, comme le yoga, la sophrologie, et j'en ai fait l'expérience lors d'une cure thermale, avec une option payante, on vous annonce de la gymnastique douce et de la relaxation, et après vous devez faire des délivrances.

Une troisième alternative s'est présentée à moi, j'ai découvert il y quelque temps ces conférences de ce neurologue, qui a découvert au travers d'une guérison divine, sa théorie qui vous découvrirez au travers de ces vidéos et livres ci-dessous:

Et si la maladie n'était pas un hasard du Dr. Pierre-Jean Thomas-Lamotte (you tube),
L'interprétation des maladies - Dr. Pierre-Jean Thomas-Lamotte.

Le Saint-Esprit agit de même à travers la prière, et nous pousse à l'action pour obtenir les clefs de notre guérison. En effet, tout au début de ma conversion, il m'envoya à deux cents kilomètres de chez moi, dans le village de ma petite enfance, car c'est là que tout se joue, dans les premières années de notre vie. Là, Il me révéla d'où venaient mon mal-être, mes dépressions, mes tentatives de suicides, ma dépendance affective qui me poussa dans les bras de multiples amants, juste dans le but d'être aimé. Mon sentiment d'être l'affreux petit canard était justifié, après avoir eu 5 enfants, mes parents ne désiraient aucunement un autre enfant, d'autant plus que leur couple était en crise avant ma conception, dont je ne venais pas au bon moment.

En plus, ma grand-mère était venue vivre ses derniers jours chez eux, ce qui n'arrangeait pas les choses,
Fred n'avait que 6 mois à ma conception, et ma naissance où ma mère faillit mourir amplifia le rejet.
Ma mère me raconta qu'un jour j'avais tapissé mon lit avec mes excréments, ce qui montre bien que j'avais dû rester souvent et longtemps abandonnée dans le lit, ce qui je pense me donna le goût pour la solitude et la rêverie.
Autrefois, on appelait un enfant non désiré « un accident », quand on apprend la portée des mots et les conséquences sur la vie, on ne peut que comprendre le pourquoi de toutes ces douleurs, mon corps a traduit ce mot, comme si j'avais été broyée.
Connaître la vérité me réconcilia avec moi-même, Dieu m'aida par son amour à m'accepter et m'aimer moi-même.

- *Psaumes 139:14 : Je te loue de ce que je suis une créature si merveilleuse. Tes œuvres sont admirables, Et mon âme le reconnaît bien.*
Et ce commandement:
- *Marc 12:31: Voici le second : Tu aimeras ton prochain comme toi-même. Il n'y a pas d'autre commandement plus grand que ceux-là.*

En effet, si Dieu nous exhorte à aimer notre prochain, comme nous-mêmes, c'est que l'on doit d'abord apprendre à nous aimer, et nous accepter tel qu'il nous a conçus, mais aussi nous réconcilier avec ce corps qui a été déformé au cours du temps, dans mon cas l'obésité. C'est la conséquence d'un péché, la maltraitance de ce corps, lié au sentiment de culpabilité, mais aussi à une fuite de la réalité. Dans mon cas c'est créer une carapace de protection, afin de ne plus souffrir suite à une déception amoureuse. « Je plais, on va me séduire, puis me rejeter, je ne plais pas, je suis à l'abri ». Heureusement, Dieu a guéri mon cœur de ce sentiment négatif, car Il m'a fait plus d'une fois ressentir son Amour inconditionnel, et c'est difficile à expliquer. C'est tellement fort, que toutes les personnes qui ont vécu cette expérience ont leur visage qui irradie de cet Amour, et cela se communique.

Ensuite, il y a les délivrances, les prières de repentance, personnellement j'ai fait celle de la Kundalini.

« Une Fleur même écrasée continue à embaumer ».

Matthieu 8:
16 Le soir, on amena auprès de Jésus plusieurs démoniaques. Il chassa les esprits par sa parole, et il guérit tous les malades, 17 afin que s'accomplît ce qui avait été annoncé par Esaïe, le prophète : Il a pris nos infirmités, et il s'est chargé de nos maladies.

*Je vous donnerais plus de renseignements sur le sujet dans le tome 2

Chapitre 19: Et l'avenir? Révélations

Nous voyons tous, même les athées que le monde devient fou et incontrôlable.
Chacun vit sa vie égoïstement, comme si le monde tournait normalement. Pourtant, il y a les guerres, le terrorisme et le mal qui sévit partout. Des lois iniques sont votées un peu partout dans le monde, et chacun accepte. L'antisémitisme est toujours présent, même dans les milieux chrétiens. Satan sait qu'il n'a peu de temps, donc il est frénétique. Les gens sont comme hypnotisés et fascinés, par tout ce qui est obscène et abominable. Seuls les gens conscients de ce qui se passe, arrivent à ouvrir leurs yeux spirituels. Ils sont éclairés de la Divine Lumière.
Remplis du Saint-Esprit ou en recherche de Vérité. Ils ont compris que tous les événements apocalyptiques sont des avertissements. Ils recherchent à plaire à Dieu, en venant à la repentance, et en priant pour leur prochain, leur pays ou le monde.
La phrase « Le XXIe siècle sera spirituel ou ne sera pas » que l'on attribue à Malraux, n'a jamais été autant d'actualité.

Je ne me rappelle pas de toutes les prophéties reçues, mais celles-ci sont à retenir:

• SONGE FAIT DANS LES ANNÉES 2010

« **J'étais dans une petite maison dans la montagne et des coulées de lave et de feu coulaient sur cette montagne,**

**les gens étaient emportés dans ce feu, c'était une vision horrible, j'essaye d'en sauver le plus possible,
et les mets à l'abri dans la maison, et plus de monde entre dans cette maison, plus elle s'agrandit,
évidemment dans cette maison , on se sent à l'abri, et plus il y a de monde, plus la réserve de nourriture s'agrandit.** »

Comme Dieu a pourvu, avec la manne dans le désert, et que les Hébreux se sont étouffés avec les cailles. Il pourvoira à nos besoins, dans la mesure où nous apprendrons à lui faire confiance, c'est-à-dire que nous aurons la Foi. Et, bien sûr lui obéirons.

Psaume 105:39 Il a étendu la nuée pour les protéger, et le feu pour éclairer la nuit. 40 A leur demande, il a fait venir des cailles, et il les a rassasiés du pain du ciel. 41 Il a ouvert le rocher et de l'eau a coulé, elle s'est déversée comme un fleuve dans les lieux arides, 42 car il s'est souvenu de sa parole sainte et d'Abraham, son serviteur.43 Il a fait sortir son peuple dans l'allégresse, ceux qu'il a choisis au milieu des cris de joie. 44 Il leur a donné les terres des nations, et ils ont tiré profit du travail des peuples, 45 afin qu'ils gardent ses prescriptions et qu'ils respectent ses lois. Louez l'Eternel!

- **« REVEILLEZ-VOUS!!! » a été ma première parole prophétique, après tant d'années de léthargie et de flirt avec le péché.**

- Je reçus celle-ci à un séminaire: **« Aimez Israël, c'est la prunelle de mes yeux. »**
  Il y eu, ce jour-là un mouvement de repentance de l'antisémitisme, dans l'assemblée présente.
- **Puis, Dieu aime les Musulmans, car il regarde au cœur**. C'est l'Islam qu'il faut combattre, et non les Musulmans.

- **Jésus est la lumière, la vraie LUMIERE :** En effet, il peut y avoir une confusion entre la vraie et la fausse lumière, Satan se faisant appeler LUCIFER**, qui veut dire Porteur de Lumière en Latin ce qui peut apporter beaucoup de confusions dans les esprits.
- Cette lettre je l'ai écrite à plusieurs membres de ma famille, en janvier 2016, alors que j'avais reçu la prophétie en septembre 2015. En effet, j'ai eu beaucoup de combats pour le faire, mais l'ayant fait j'ai été bénie par le commencement de ma guérison:

CHERS AMIS, CHERS MEMBRES DE MA FAMILLE

Il y a quelques années, j'ai décidé de suivre Jésus et de suivre les préceptes de l'évangile, pas toujours facile à faire, et avec des hauts et des bas, mais aujourd'hui, j'ai enfin trouvé la paix dans mon cœur, j'ai choisi d'écouter la voix des prophètes et du Saint-Esprit et celui-ci me presse de vous dire que le temps de la Grâce va bientôt finir, des temps difficiles ont déjà commencé, et suite à cela un Réveil spirituel aura lieu, l'Éternel vous invite à suivre sa parole en ces temps mauvais, car il veut que vous soyez sauvés.

Prophétie du 11 septembre 2016
« **Préviens-les avant mon retour, ceci est mon dernier avertissement avant l'arrivée imminente de l'antéchrist,**
il ne s'agit pas d'adopter une religion, mais de me recevoir dans votre cœur avec foi, de refuser la puce électronique qui est la marque de la bête de l'apocalypse, qui est le livre de la révélation des temps qui arrivent, et de venir à la repentance dans ces jours mauvais afin d'avoir l'espérance de la Vie, Je suis le Chemin, la Vérité et la Vie, nul n'ira au Père que par moi,
Je suis la lumière du Monde, la Vraie Lumière, le Salut ne se fera pas à travers un homme ou une dénomination, mais à travers Moi. Amen. »

Apocalypse 13.11 Ensuite je vis monter de la terre une autre bête; elle avait deux cornes semblables à celles d'un agneau, mais elle parlait comme un dragon. 12 Elle exerçait toute l'autorité de la première bête en sa présence, et elle obligeait la terre et ses habitants à adorer la première bête, celle dont la blessure mortelle avait été guérie. 13 Elle accomplissait de grands signes miraculeux, jusqu'à faire descendre le feu du ciel sur la terre, à la vue des hommes. 14 Elle égarait les habitants de la terre par les signes qu'il lui était donné d'accomplir en présence de la bête; elle leur disait de faire une image de la bête qui avait été blessée par l'épée et qui avait survécu. 15Elle reçut le pouvoir d'animer l'image de la bête, afin que cette image puisse parler et faire tuer tous ceux qui ne l'adoreraient pas. 16Elle fit en sorte qu'on impose à tous les hommes, petits et grands, riches et pauvres, libres et esclaves, une marque sur leur main droite ou sur leur front. 17 Ainsi, personne ne pouvait acheter ni vendre sans avoir la marque, c'est-à-dire le nom de la bête ou le nombre de son nom.

Et maintenant?

Fin août 2017, je rentre d'un périple de 2 mois et demis, avec 2 séminaires dans l'ouest, et une cure thermale, du tourisme et des séjours, dans la famille et amis, et je louais mon appartement via Airbnb.
Il faut avouer, j'avais hâte de rentrer chez moi, dormir dans mon lit, retrouver mon chat ,etc…
Mais, pas vraiment envie de retrouver Mulhouse, ville nid de salafistes, où il y a peut-être plus de mosquées que d'églises…ville avec 55% de population issue de l'immigration, 7 eme ville la plus pauvre de France, 1 personne sur sept vit sous le seuil de pauvreté en France et, à Mulhouse c'est 3 personnes sur 10…Et voilà; j'étudie la question de vendre ou louer mon appartement dans le but de trouver mon Goshen, ma pneumologue m'ayant conseillé de déménager, car j'habite sur une 4

voies, de plus je dois payer des travaux votés par l'AG de la copropriété, et je dois trouver une solution financière pour cela.

Mais la petite voix intérieure me dit: « je ne t'ai pas dit que tu dois vendre », en effet, j'ai fait venir 3 agents immobilier, le premier me l'estime à 45000, le 2eme à 30000, le 3 eme me conseille de le brader entre 20000 et 25000…(Sachant que je l'ai payé 52000 il y a 10 ans avec une promesse de plus value) …Il me dit, en toute objectivité, avec la grande mosquée qui va ouvrir en 2018, une municipalité qui est pro-islam (il y a quand même des vitrines avec des mannequins habillés avec de longues robes et des foulards sur la tête, de la viande uniquement halal au marché, et dans ma rue que des magasins et restaurants tenus par des étrangers). Et, j'habite à moins de 700 mètres de cette nouvelle méga mosquée, donc d'après le dernier agent immobilier vu, pleins d'appartements du secteur sont vendus uniquement à des personnes d'origine étrangère ou des marchands de sommeil. Soit très bas, et les ventes s'accélèrent dans le quartier, car les Français de souches se sauvent d'autant plus que le projet de la mosquée s'est agrandi de plus en plus au cours du temps, sans prévoir de parking assez grand pour contenir toutes les voitures. Il faut dire que déjà au jour d'aujourd'hui, il est déjà très difficile de se garer dans le quartier, ce qui rajoute un élément rédhibitoire pour la vente.
Notre ville est en pleine mutation, pleine de magasins qui ferment. Les seuls qui ouvrent sont des épiceries orientales, la boulangerie à côté de chez moi est tenue par des musulmans venus du 93, avec un patron en djellaba et barbe, la tache au front, et les vendeuses voilées. Il a loué deux studios de mon immeuble pour ses ouvriers, un qui était très sympa est parti du quartier pour un logement plus grand. Il a fait un transfert de bail à un de ses collègues qui était un voyou, celui-ci m' a volé deux ordinateurs et la clef de ma voiture dans mon appart. Puis, il m'a restitué la voiture avant de se constituer prisonnier. Il faut dire qu'il avait aussi braqué la supérette du quartier, et s'était servi dans la caisse du patron. Et, qu'il était multirécidiviste. Bon, ce qui est encourageant dans cette histoire, c'est qu'en plus du GPS, il a embarqué une Bible en Arabe. Espérons qu'il en a fait un bon usage…
Mais ce n'est pas fini, entre-temps celui-ci avait fait des doubles de sa porte et les squatteurs défilaient dans l'immeuble. Il y en a un qui a bousillé notre porte d'entrée, avec un coup de pied. Nous avons mis plus de 6 mois pour les voir partir, dès que la police repartaient, ils se réinstallaient. J'ai un ami qui cherchait un logement, quand nous avons visité le studio, en plus d'être sale (oui j'ai eu droit aux cafards, que j'ai eu un mal fou à me débarrasser, et cet été des punaises de lit qui m'ont coûté une fortune en traitement) il y avait sur le porte-clefs une quantité astronomique de clefs de toutes sortes.
La Porte Jeune (une galerie marchande au centre-ville) a été refait à neuf et rouvert il y a quelques années, plusieurs magasins ont déjà fermé. Personnellement je vais rarement en ville, sauf pour des rendez-vous, rarement pour m'y balader.
Je vais régulièrement au groupe Oasis, un groupe inter-églises qui évangélise les musulmans, et beaucoup ont soif. C'est UN PETIT CAILLOU DANS UNE ÉNORME MARE. Heureusement que Dieu a mis la PORTE OUVERTE dans cette ville, c'est une église évangélique charismatique de plus de 2000 membres suivie sur Internet, et connue à travers les médias. Moi, je vais dans une petite église où Dieu m'a placée. Mais combien de temps encore les chrétiens vont encore tenir dans cette ville??? Combien de temps allons tenir dans ce Pays? De plus en plus de groupes de prières se forment, car il y a urgence et tant de sujets à traiter. Nous préparons la future église souterraine, comme dans certains pays persécutés. Et, en attendant, nous attendons le réveil!!!
Chez moi, nous nous réunissons au moins une fois tous les 15 jours, j'ai trois personnes qui viennent parfois de loin.

Puis, nous nous téléphonons, s'envoyons des mails, nous sommes une famille, Dieu est avec nous, à nous de rester attachés à lui, malgré les vents contraires:

Matthieu 24
1 Comme Jésus s'en allait, au sortir du temple, ses disciples s'approchèrent pour lui en faire remarquer les constructions. 2 Mais il leur dit : Voyez-vous tout cela ? Je vous le dis en vérité, il ne restera pas ici pierre sur pierre qui ne soit renversée.3 Il s'assit sur la montagne des oliviers. Et les disciples vinrent en particulier lui faire cette question : Dis-nous, quand cela arrivera-t-il, et quel sera le signe de ton avènement et de la fin du monde ?4 Jésus leur répondit : Prenez garde que personne ne vous séduise. 5 Car plusieurs viendront sous mon nom, disant : C'est moi qui suis le Christ. Et ils séduiront beaucoup de gens. 6 Vous entendrez parler de guerres et de bruits de guerres : gardez-vous d'être troublés, car il faut que ces choses arrivent. Mais ce ne sera pas encore la fin. 7 Une nation s'élèvera contre une nation, et un royaume contre un royaume, et il y aura, en divers lieux, des famines et des tremblements de terre. 8 Tout cela ne sera que le commencement des douleurs. 9 Alors on vous livrera aux tourments, et l'on vous fera mourir; et vous serez haïs de toutes les nations, à cause de mon nom. 10 Alors aussi plusieurs succomberont, et ils se trahiront, se haïront les uns les autres. 11 Plusieurs faux prophètes s'élèveront, et ils séduiront beaucoup de gens. 12 Et, parce que l'iniquité se sera accrue, la charité du plus grand nombre se refroidira. 13 Mais celui qui persévérera jusqu'à la fin sera sauvé. 14 Cette bonne nouvelle du royaume sera prêchée dans le monde entier, pour servir de témoignage à toutes les nations. Alors viendra la fin.

Ce week-end aura lieu un grand rassemblement à Strasbourg, fêtant les 500 ans de la réforme de Luther.
Mais, ce week-end est payant, pourtant l'évangile devrait être gratuit. J'ai failli y aller, mais Dieu a fait en sorte que je n'y ailles pas. Puis, j'ai appris qu'il y avait des pro-gay qui exposaient et menaient une conférence. Comme je l'ai dit dans le chap.5, je ne suis pas contre les gays, mais contre l'homosexualité, car elle est interdite par Dieu, mais celui-ci peut rétablir l'ordre naturel de l'homme. Le CNEF*** prend position et décide de ne pas y participer, en effet Dieu nous le demande.
Éphésiens 5
...10Examinez ce qui est agréable au Seigneur; 11et ne prenez point part aux œuvres infructueuses des ténèbres, mais plutôt condamnez-les. 12Car il est honteux de dire ce qu'ils font en secret;...

Eh oui, la pomme est déjà bien pourrie, mais Dieu reconnaîtra les siens.
Dieu regarde au cœur, ni à l'étiquette, ni au grade. Il aime celui qui le cherche, et veut lui plaire et non aux hommes. Et, Il a pour ceux-là des milliers de fleurs à offrir:
Cantique des Cantique 2
*...11Car voici, l'hiver est passé; La pluie a cessé, elle s'en est allée. 12Les **fleurs** paraissent sur la terre, Le temps de chanter est arrivé, Et la voix de la tourterelle se fait entendre dans nos campagnes. 13Le figuier embaume ses fruits, Et les vignes en fleur exhalent leur parfum. Lève-toi, mon amie, ma belle, et viens!*
Novembre 2017

Je viens d'apprendre que mon frère Arthur a failli mourir, d'une embolie pulmonaire et d'un infarctus en janvier, cela fait onze ans que je ne l'ai pas vu. Il était temps qu'il reçoive la lettre prophétique.
Espérons qu'il fasse lui aussi son cheminement spirituel.
Je lui envoie une nouvelle lettre, lui disant que Dieu peut le guérir.

Et, j'ai une bonne nouvelle à vous annoncer, le trou de la couche d'ozone régresse, les pandas et les lamantins ne sont plus en voie de disparition, les émissions de carbone sont stables, 15 espèces d'animaux disparus réapparaissent, le besoin en terre agricole n'augmente plus. Ce qui veut dire que tout n'est pas perdu, avec des efforts, et un vrai retour à l'Amour de ce que Dieu nous a donnés. C'est-à-dire notre terre, nos enfants, notre vie et notre prochain. Alors, avec la Foi, l'Espérance et surtout l'Amour tout est faisable. En tout cas pour Dieu.

APOCALYPSE 20.
1 Puis je vis descendre du ciel un ange, qui avait la clef de l'abîme et une grande chaîne dans sa main. 2 Il saisit le dragon, le serpent ancien, qui est le diable et Satan, et il le lia pour mille ans. 3 Il le jeta dans l'abîme, ferma et scella l'entrée au-dessus de lui, afin qu'il ne séduisît plus les nations, jusqu'à ce que les mille ans fussent accomplis. Après cela, il faut qu'il soit délié pour un peu de temps. 4 Et je vis des trônes; et à ceux qui s'y assirent fut donné le pouvoir de juger. Et je vis les âmes de ceux qui avaient été décapités à cause du témoignage de Jésus et à cause de la parole de Dieu, et de ceux qui n'avaient pas adoré la bête ni son image, et qui n'avaient pas reçu la marque sur leur front et sur leur main. Ils revinrent à la vie, et ils régnèrent avec Christ pendant mille ans. 5 Les autres morts ne revinrent point à la vie jusqu'à ce que les mille ans fussent accomplis. C'est la première résurrection. 6 Heureux et saints ceux qui ont part à la première résurrection ! La seconde mort n'a point de pouvoir sur eux; mais ils seront sacrificateurs de Dieu et de Christ, et ils régneront avec lui pendant mille ans.

Et, si l'on ne devait retenir qu'un seul psaume, c'est le 103. Il est le témoin de notre vie, nous ne sommes que de passage sur cette terre, et ce qui nous attend dans l'au-delà est tellement si merveilleux, si nous avons fait le choix de suivre notre Seigneur. En attendant, Il nous bénit déjà sur cette terre :

Psaume 103 De David.
1. Bénis l'Eternel, mon âme! Que tout ce qui est en moi bénisse son saint nom!
2 Bénis l'Eternel, mon âme, et n'oublie aucun de ses bienfaits!
3 C'est lui qui pardonne toutes tes fautes, qui guérit toutes tes maladies.
4 C'est lui qui délivre ta vie de la tombe, qui te couronne de bonté et de compassion.
5 C'est lui qui rassasie de biens ta vieillesse, qui te fait rajeunir comme l'aigle.
6 L'Eternel fait justice, il fait droit à tous les opprimés.
7 Il a fait connaître ses voies à Moïse, ses hauts faits aux enfants d'Israël.
8 L'Eternel fait grâce, il est rempli de compassion, il est lent à la colère et riche en bonté.
9 Il ne conteste pas sans fin, il ne garde pas éternellement sa colère.
10 Il ne nous traite pas conformément à nos péchés, il ne nous punit pas comme le mériteraient nos fautes,
11 mais autant le ciel est élevé au-dessus de la terre, autant sa bonté est grande pour ceux qui le craignent;

12 autant l'orient est éloigné de l'occident, autant il éloigne de nous nos transgressions.
13 Comme un père a compassion de ses enfants, l'Eternel a compassion de ceux qui le craignent,
14 car il sait de quoi nous sommes faits, il se souvient que nous sommes poussière.
*15 **L'homme? Ses jours sont comme l'herbe, il fleurit comme la fleur des champs**:*
16 lorsqu'un vent souffle sur elle, elle disparaît, et la place qu'elle occupait ne la reconnaît plus.
17 Mais la bonté de l'Eternel dure d'éternité en éternité pour ceux qui le craignent, et sa justice demeure pour les enfants de leurs enfants,
18 pour ceux qui gardent son alliance et se souviennent de ses commandements pour les mettre en pratique.
19 L'Eternel a établi son trône dans le ciel, et son règne domine tout l'univers.
20 Bénissez l'Eternel, vous ses anges, qui êtes puissants et forts et qui exécutez ses ordres en obéissant à sa parole!
21 Bénissez l'Eternel, toutes ses armées, vous qui êtes ses serviteurs et qui faites sa volonté!
22 Bénissez l'Eternel, vous, toutes ses œuvres, dans tous les lieux où il domine! Bénis l'Eternel, mon âme!

Des soldats spirituels se lèvent, car Dieu a une armée comme David avait une armée, mais celle-ci était spéciale, comme David l'était, comme je le suis, et veux-tu le devenir ???

En lisant l'Ancien Testament, quand je tombais sur des passages qui parlent de batailles, je dédaignais ces passages qui me rebutaient . Moi, la fleur hypersensible, ces descriptions sanglantes me dégouttaient. Mais, là un matin Dieu me montra par le rhema**** qu'en tant qu'intercesseur, je devais transposer ces textes de guerre physique en guerre spirituelle. Dans ce texte, on voit que David est le roi, et avec les dons que Dieu lui a donnés, il a terrassé Goliath, un lion, etc…En plus, Dieu lui a donné des soldats ayant également des dons hors normes…D'où l'importance des réunions d'intercession, où des chaînes de prières, car à plusieurs nous sommes une véritable armée spirituelle de puissance démultipliée pour lutter contre les autorités démoniaques.

1 Chroniques chapitre 11 :
9 David devenait de plus en plus grand, et l'Éternel des armées était avec lui.10 Voici les chefs des vaillants hommes qui étaient au service de David, et qui l'aidèrent avec tout Israël à assurer sa domination, afin de l'établir roi, selon la parole de l'Éternel au sujet d'Israël. 11 Voici, d'après leur nombre, les vaillants hommes qui étaient au service de David. Jaschobeam, fils de Hacmoni, l'un des principaux officiers. Il brandit sa lance sur trois cents hommes, qu'il fit périr en une seule fois.12 Après lui, Eléazar, fils de Dodo, l'Achochite, l'un des trois guerriers. 13 Il était avec David à Pas-Dammim, où les Philistins s'étaient rassemblés pour combattre. Il y avait là une pièce de terre remplie d'orge; et le peuple fuyait devant les Philistins. 14 Ils se placèrent au milieu du champ, le protégèrent, et battirent les Philistins. Et l'Éternel opéra une grande délivrance.15 Trois des trente chefs descendirent auprès de David sur le rocher dans la caverne d'Adullam, lorsque le camp des Philistins était dressé dans la vallée des Rephaïm. 16 David était alors dans la forteresse, et il y avait un poste de Philistins à Bethléhem. 17 David eut un désir, et il dit : Qui me fera boire de l'eau de la citerne qui est à la porte de Bethléhem ? 18 Alors les trois hommes passèrent au travers du camp des Philistins, et puisèrent de l'eau de la citerne qui est à la porte de Bethléem. Ils l'apportèrent et la présentèrent à David; mais David ne voulut pas la boire, Et il la répandit devant l'Éternel. 19 Il dit : Que mon Dieu me garde de faire cela ! Boirais-je le sang de ces hommes qui sont allés au péril de leur vie ? Car c'est au péril de leur vie qu'ils l'ont apportée. Et il ne voulut

pas la boire. Voilà ce que firent ces trois vaillants hommes. 20 Abischaï, frère de Joab, était le chef des trois. Il brandit sa lance sur trois cents hommes, et les tua; et il eut du renom parmi les trois. 21 Il était le plus considéré des trois de la seconde série, et il fut leur chef; mais il n'égala pas les trois premiers. 22 Benaja, fils de Jehojada, fils d'un homme de Kabtseel, rempli de valeur et célèbre par ses exploits. Il frappa les deux lions de Moab. Il descendit au milieu d'une citerne, où il frappa un lion, un jour de neige. 23 Il frappa un Égyptien d'une stature de cinq coudées et ayant à la main une lance comme une ensouple de tisserand; il descendit contre lui avec un bâton, arracha la lance de la main de l'Égyptien, et s'en servit pour le tuer. 24 Voilà ce que fit Benaja, fils de Jehojada; et il eut du renom parmi les trois vaillants hommes. 25 Il était le plus considéré des trente; mais il n'égala pas les trois premiers. David l'admit dans son conseil secret.

- Des soldats spirituels se lèvent, car Dieu a une armée comme David avait une armée, mais celle-ci était spéciale, comme David l'était, comme je le suis, et comme tu peux le devenir!!!
- La louange et l'adoration: Un parfum de bonne odeur offert à Dieu : Nous sommes tous des fleurs pour Dieu, et des fleurs les fabricants de parfums extraient les essences, et les mélangent après des études, des essais nombreux, réalisés par des « nez » prestigieux.

Ce parfum sera commercialisé dans des flacons réalisés par les meilleurs designers, et les plus grandes marques, pour la publicité on utilisera les meilleurs photographes et cinéastes, et on montrera le parfum en scène avec les meilleurs acteurs ou tops models en vogue. Il en résultera un parfum hors de prix. C'est sûrement un de ces parfums hors de prix que la femme a versé sur la tête de Jésus, en scandale des disciples, et pourtant c'est-ce que Dieu attend de nous, il attend le meilleur quand nous lui apportons notre adoration. Nous sommes des fleurs et nous devons exhaler notre meilleur parfum, celui-ci étant le plus fort quand il a été exposé à la chaleur et à la lumière de Dieu. En réponse, celui-ci peut également nous envoyer son parfum. A l'origine le parfum servait pour le service des dieux et l'embaumement des corps.

Cette période est terminée, c'est notre louange qui remplace le parfum versé sur les autels et les sépultures. Et cette louange se déverse sur un Dieu Vivant, et qui nous rends Vivants!!!

Ezéchiel 20:41:
Je vous recevrai comme un parfum d'une agréable odeur, quand je vous aurai fait sortir du milieu des peuples, et rassemblés des pays où vous êtes dispersés; et je serai sanctifié par vous aux yeux des nations.

Philippiens 4:18:
J'ai tout reçu, et je suis dans l'abondance; j'ai été comblé de biens, en recevant par Epaphrodite ce qui vient de vous comme un parfum de bonne odeur, un sacrifice que Dieu accepte, et qui lui est agréable

Matthieu 26:
6 Comme Jésus était à Béthanie, dans la maison de Simon le lépreux, 7 une femme s'approcha de lui, tenant un vase d'albâtre, qui renfermait un parfum de grand prix; et, pendant qu'il était à table, elle répandit le parfum sur sa tête. 8 Les disciples, voyant cela, s'indignèrent, et dirent : A quoi bon cette perte ? 9 On aurait pu vendre ce parfum très cher, et en donner le prix aux pauvres. 10 Jésus, s'en étant aperçu, leur dit : Pourquoi faites-vous de la peine à cette femme ? Elle a fait une bonne action à mon égard; 11 car vous avez toujours des pauvres avec vous, mais vous ne m'avez pas toujours. 12 En répandant ce parfum sur mon corps, elle l'a fait pour ma

85

sépulture. 13 Je vous le dis en vérité, partout où cette bonne nouvelle sera prêchée, dans le monde entier, on racontera aussi en mémoire de cette femme ce qu'elle a fait.

*En termes d'impacts environnementaux, on entend souvent que le régime végétarien est moins nocif. Mais également pour la terre, je développe ce sujet dans le tome 2.

**Le nom « Lucifer » signifie en latin « Porteur de lumière » (lux, « lumière », et ferre, « porter »). C'était à l'origine, l'un des noms que les Romains donnèrent à l'« étoile du matin », c'est-à-dire la planète Vénus. Dans la Vulgate, Lucifer devient un nom propre utilisé pour traduire l'expression « astre brillant » du livre d'Isaïe(14.12). Dans la tradition chrétienne, Lucifer est associé à l'orgueil. Il est considéré comme un ange déchu pour s'être rebellé contre Dieu. Il est alors assimilé à Satan et au Diable.
Jésus est également appelé dans la Bible l'« étoile du matin ».
Apocalypse 22:16
Moi, Jésus, j'ai envoyé mon ange pour vous attester ces choses dans les Eglises. Je suis le rejeton et la postérité de David, l'étoile brillante du matin.
***Conseil National des Evangéliques de France
****C'est une parole grecque.
Le Rhema signifie la parole directe de Dieu.
Le Rhema est donné pour édifier, pour informer, et pour instruire le Corps entier de Christ. Disons que c'est l'Esprit Saint qui parle directement à notre esprit humain, car il faut qu'esprit communique avec Esprit.

Fin novembre 2018 : Une année vient de passer, j'ai eu beaucoup de mal pour finaliser mon livre, enfin le 1er tome.
Deux fois mon ordinateur est tombé en panne, j'ai dû attendre d'avoir les finances pour en racheter un nouveau.
De nouveaux événements se sont passés dans ma vie, j'en parlerais dans le tome 2, je conclus ce tome pendant le mouvement des
« gilets jaunes »...

j'écrirais un 2 eme tome, avec plus de photos, plus de poèmes, mais aussi des pistes de réflexions et des informations sur les différents thèmes abordés.

CONCLUSION:
Et voilà, me voici, moi Agnès, 57 ans aujourd'hui. Il me reste un frère sur 6 enfants, et celui-ci par le hasard de la vie, est le seul à m'avoir fait du tort dans mon enfance, et m'a oublié quand j'étais confrontée à mes difficultés. Les hommes de ma vie m'ont trahi, déçu ou étaient des amours impossibles.
J'ai une maladie chronique et invalidante. J'ai dû arrêter une profession passionnante. Donc, je pourrais être aigrie, malheureuse et ressasser sans arrêt mon passé avec remords et ressentiments.

Et, bien non, rien de tout çà! Dieu est venu me consoler, il remplit ma vie de joie et m'a redonné une famille de frères et sœurs en Christ. Ce n'est pas « un long fleuve tranquille », mais le Saint-Esprit arrose ses fleurs tous les jours, et celles-ci sont illuminées de sa Lumière...
Dieu avec son grand Amour m'a doté de dons qui m'ont permis de sortir de la dépression, m'ont aidé pour ma vie professionnelle, et aujourd'hui pour votre plaisir. A LUI TOUTE LA GLOIRE!!!!
Merci à Jésus pour cette grâce qu'Il m'a donné de vous partager tout cela.

Le monde vacille, chancelle et les prophéties de catastrophes sont pléthore, mais il y a une véritable espérance en Christ....

i